북한에 대한 불편한 진실

# 북한에 대한 불편한 진실

윤대규 지음

한울
아카데미

## 이 책을 내며

나로호에 앞서 2012년 12월 북한이 위성 발사 시험에 성공하자 곧이어 2013년 1월 UN이 이에 대한 제재를 결의했다. 북한은 기다렸다는 듯이 2월에 핵실험을 강행했다. 국제사회는 물론 때마침 등장한 한국의 새 정부도 이에 대한 다양한 대응책을 논의하고 있다.

예상대로 UN 안보리의 제재조치가 이루어진 뒤, 우리나라에서는 한미 키 리졸브(Key Resolve) 훈련과 이에 대응하는 북한의 대대적인 군사훈련이 있었다. 북한의 대남 도발 위협도 예전과는 사뭇 달라 보인다. 급기야는 북한이 개성공단사업을 중단하는 사태에까지 이르렀다.

이 책을 내게 된 이유도 다름이 아니라 지금의 남북 관계가 너무도 중요한 국면이라 현실에 대한 좀 더 정확한 이해가 필요하다는 생각에서다. 만약 박근혜 정부 5년도 지난 이명박 정부의 5년과 같은 남북경색 국면을 이어간다면 대한민국의 국익이 큰 손실을 입게 될 것이라는 우려도 있다.

지금도 대북 대응책을 둘러싸고 갖가지 주장이 나오고 있다. 그러나 많은 경우 정확한 사실에 기반을 둔 분석보다는 자신의 희망적인 생각(wishful thinking)을 이야기하는 경향이 있다. 그러다 보니 알고 싶은 알맹이는 빠진 채 변죽만 울리는 이야기가 되고, 정작 문제해결에는 별로 도움이 되지 않는 경우가 다반사다.

이제 더 늦기 전에 문제의 핵심을 파악하고 이를 기초로 실현 가능한 대책을 내놓아야 한다. 그렇지 않으면 지속 가능하지도 않고 일관성도 없는 대북정책을 계속 되풀이하며 시간을 허비하게 될 것이다.

또한 북한 문제를 한반도 또는 남북 관계라는 좁은 시각에서 보는 자세에서 하루속히 벗어나야 한다. 이미 한국은 세계적인 경제 강국이 되었고, 심지어는 세계적인 리더십을 행사하는 지도국가가 되어야 한다고들 이야기한다. 그러나 북한을 보는 시야는 여전히 좁기만 하다. 경제적인 관점에서와 같이 세계 전체 시장을 보는 정도는 아니라도 적어도 아시아 정도는 함께 보아야 북한을 바로 보고 국익을 제대로 지킬 수 있다.

일촉즉발의 위기에 있던 센카쿠 열도(중국명 댜오위다오)를 둘러싼 중국과 일본의 대결이 북한 핵실험 이후 ― 비록 일시적이겠지만 ― 아침 안개 사라지듯이 사라진 것은 우연일까? 세계에서 가장 바쁜 사람 중 하나인 미국 구글(Google)의 슈미트(Eric Schmidt) 회장은 3대 세습 일인지배의 독재국가가 어떠한지 구경하러 평양을 방문했던 것일까? 한국과 직결된 일임에도 보지 못하는 것이 너무 많고 또 보아도 모르는 것이 너무 많다.

이 책은 새로운 것을 이야기하는 것도 아니고 그렇다고 해답을 제시하는 것도 아니다. 우리가 잘 알고 있지만 인정하고 싶지 않은 '불편한 진실'을 이야기할 것이다. 더는 문제를 덮어둘 시간적 여유가 없기 때문이다. 그래야 제대로 된 해법도 만들어 낼 수 있다.

이 책의 분량이 원래 생각보다는 길어졌다. 처음에는 되도록 간단하게 쓰는 것이 독자에 대한 예의라고 생각하며 적은 분량으로 쓰려고 했으나 결과적으로 생각보다 긴 글이 되었다. 구체적인 사례도 넣고 장별로도 독립성을 갖게 하려다 보니 일부 중복도 불가피했다. 그러다 보니 이해를 높이는 데는 도움이 된 점도 있으나 독자의 시간을 더 낭비하는 수고를 가져오게 되었다. 이 책이 독자가 북한 문제를 이해하는 데 조금이라도 도움이 되길 기대하며 양해를 바란다.

이 책을 내며 감사드리고 싶은 분들이 많다. 법학을 전공한 필자가 북한 문제에 관심을 가질 수 있는 귀한 기회를 갖게 된 것은 전적으로 경남대학교 박재규 총장님의 배려 덕분이었다. 그뿐만 아니라 총장님의 이론과 실무를 겸비한 통찰력 있는 국제정세 및 북한 분석을 가까이서 자주 접할 수 있었던 것도 귀한 공부가 되었다. 이 기회를 빌려 다시 한 번 감사드리고 싶다.

같은 직장에 근무하는 북한대학원대학교 최완규 총장님과 경남대 극동문제연구소 이수훈 소장님을 비롯한 동료 교수들에게도 감사드린다. 평소 점심 식탁을 비롯해 기회 있을 때마다 나눈 대화들이 필자의 북한 이해를 높이는 데 큰 도움이 되었다. 또한 이 책의 설익은 초안을 보고 비판과 조언을 아끼지 않은 외부의 여러 교수들과 전문가들에게도 감사의 마음을 전한다. 이들의 도움으로 내용이 더욱 보강되고 잘 다듬어질 수 있었다. 아쉬운 것은 필자의 부족으로 훌륭한 조언을 모두 다 수용할 수 없었던 점이다.

필자가 이 글을 쓰기 시작할 때부터 옆에서 여러 가지 조언을 아끼지 않았던 경남대 극동문제연구소의 임을출 교수와 자료 검색과 교정 등 귀찮은 작업을 도맡아 준 임혜정 연구원에게 감사의 마음을 전한다. 진심 어린 도움에 고마울 따름이다.

2013년 4월<br>삼청동 연구실에서<br>윤대규

이 책을 내며  5

1 대한민국의 길  13

왜 세계 미래의 희망이 한국인가? / 세계 중심이 동양으로 이동하고 있다 / 북한문제 해결이 관건이다

2 한국의 문명사적 위상  20

동양과 서양의 사상적 융합이 가장 잘된 나라 / 성인의 가르침에 익숙한 도덕사회 / 수준 높은 전통사상 / 가족적 유대가 강한 사회 / 지정학적 위치 / 후진국에서 선진국으로 성공한 나라 / 지구 상 유일의 분단국 / 장점과 단점은 동전의 양면

3 불편한 진실  44

'불편한 진실'을 더는 외면하지 말자 / 실종된 대북정책—임기응변의 대북정책에서 벗어나야 한다 / 정확한 현실인식에 기반을 둔 정책이어야 실현 가능하고 지속 가능하다 / 북한의 전제 1: 중국은 북한 붕괴를 허

용하지 않는다 / 북한의 전제 2: 남한은 전쟁을 일으킬 수 없다 / 북한의 전제 3: 미국은 북한에 군사적 행동을 할 수 없다 / 북한 체제는 붕괴하지 않는다 / 체제 경쟁은 끝났다

4 한국의 딜레마: 상호 충돌하는 가치의 병존　56

북한의 이중적 지위―적과 형제 / 남북한 가치관의 충돌 / 경제와 안보 간의 갈등 / 한국과 미국의 이익 충돌 / 남북 관계와 한중 관계의 갈등

5 관련국의 이해관계　64

미국과 중국의 이해관계 / 북한과 미국의 이해관계 / 북한과 중국의 이해관계 / 북한과 일본의 이해관계 / 북한과 러시아의 이해관계 / 한국의 이해관계

6 역할 분담이 필요하다　91

역할 분담의 근거 / 남북대화와 교류협력 / 미국과 중국에 명분을 제공하는 것도 한국의 중요한 역할 / 미국의 역할 / 중국의 역할 / 한국과 국제사회 / 정부와 시민사회(정치와 경제) / 통일부와 국방부 / 진보와 보수 / 일관성 있는 지속 가능한 원칙의 수립

7 북한 핵문제의 해법 *107*

북한은 왜 핵무기를 갖고자 하는가? / 북한은 핵개발을 위한 필요충분조건을 갖추고 있다 / 북미 관계의 정상화가 비핵화의 해답이다 / 미국 이해관계의 양면성 / 일본 이해관계의 양면성 / 중국 이해관계의 양면성 / 대북제재의 실효성도 없다 / 북한은 언제 핵무기를 포기할 수 있는가? / 한국과 미국 간에 역할 분담이 필요하다 / 미국과 중국에 한국이 명분을 줄 수 있다 / 북핵 문제와 남북문제의 연결고리를 끊어야 한국이 주도할 수 있다 / 평화체제 논의라는 큰 틀에서 접근해야 한다

8 북한에 대한 인식 *134*

남북은 운명공동체다 / 북한 문제는 세계적 문제 / 북한은 신성장동력이다

9 북한 변화의 방향 *145*

북한은 시장경제로 가고 있다 / 북한의 선택은 사회주의 시장경제하의 개발독재다 / 남북 관계의 긴장은 북한 군부의 득세를 정당화한다

10 대안적 정책제안    *152*

북한 체제 인정하고 내정간섭을 하지 말아야 한다 / 자유민주주의와 시장경제는 한국 최고의 무기다 / 한국이 먼저 북한의 방송과 출판물을 전면 개방하자 / 북한에 대한 여행 자유를 허용하자 / 개인의 대북 경제활동을 폭넓게 허용해야 한다 / 정부 차원의 경협사업을 과감하게 진행해야 한다 / 경협사업으로 군사적 긴장을 완화하자 / 남북한 국가연합을 준비하자

11 통찰력 있는 리더십    *165*

천시, 지리, 인화를 갖추어야 / 국민통합을 위한 진보와 보수의 상호 이해 / '정치가'가 아니라 '정치지도자'가 필요하다

# 1

# 대한민국의 길

### 왜 세계 미래의 희망이 한국인가?

우리나라가 정치적·경제적으로 성공하며 자신감이 생기자 요즘 한국이 세계의 리더가 될 것이라는 주장이 자주 나오고 있다. 나아가 한국이 새로운 세기의 중심이 될 것이라는 주장도 들린다. 세계적인 컨설팅 회사인 골드만삭스도 2050년에는 한국의 국내총생산(GDP)이 미국에 이어 세계 2위가 될 것이라고 예측하는 것을 보면 단순히 조그만 성공에서 우쭐대는 치기라고 치부할 수만은 없지 않은가 하는 생각이 든다. 지금 지구 상에서 경제적으로나 정치적으로 새로운 성장 모델을 보여주고 있는 한국이 과연 세계의 지도국으로서 역할을 할 수 있는 여건을 갖추고 있는가 아니면 아전인수(我田引水) 격인 허풍에 지나지 않은 것일까.

사실 이러한 논의는 지난 세기말부터 거론되고 있는 인류문명사의 전환과도 직결되어 있다. 인간의 생활환경이 크게 바뀌고 따라서 생활 방식도 크게 바뀌었다. 국제사회의 정치·경제뿐만 아니라 사회적·문화적 질서도 크게 달라짐에 따라 기존의 이론과 사고방식으로는 현실을 설명할 수 없는 현상이 일상화되고 있다. 이제 인류 문명을 지배하는 기존의 주류 사상을 대체할 수 있는 새로운 사상적 대안의 모색이 활발하게 일어나게 되었다. 한국 사회를 풍미하는 이른바 패러다임의 전환이니, 말세니 종말이니, 개벽이니 후천시대니 하는 것들도 다들 지금이 이러한 문명 전환기임을 말해주는 하나의 징표이고, 새로운 사상이나 가치관의 대두에 대한 갈망을 의미한다.

만약 바라는 대로 훗날 한국이 세계의 중심국가가 된다면 이는 일인당 국민소득이 높기 때문만은 아닐 것이다. 그것은 아마도 한국이 새로운 사고로 새로운 삶의 방식을 찾아내는 데 성공했기 때문일 것이다. 말하자면 인류가 공감하는 새로운 사상과 미래의 삶의 양식을 창조했기 때문일 것이다.

## 세계 중심이 동양으로 이동하고 있다

세계의 중심이 서양에서 동양으로 이동하고 있다는 말은 이제 별로 새로운 이야기도 아니다. 오히려 서구 학자들이 먼저 주장해온 것이다. 단순히 중국이 세계 최대 경제대국으로 부상했으며 앞으로 그 위상이 더 높아질 것이라는 경제적 맥락으로만 보아서는 안 된다. 인류 문명의 주축인 동양 문명에 대한 새로운 인식과 역할이 도래한다는 문명사적인 시각에서 보아야 한다. 세계사는 바야흐로 기독교(Christian)문명 시대에서 탈기독교(Post-Christian)문명 시대로 전환하고 있는 것이다.

이러한 주장은 그동안 세계를 지배하던 서양의 문명관으로는 현재 인류가 당면한 과제들을 해결할 수 없다는 서양사상의 한계에 대한 인식에서 비롯되고 있다. 서구인들은 다시금 역사를 보며 기독교보다 현실 인식에 대한 왜곡이 덜하고 자연과 상식에 더 합치하는 동양사상에 주목하게 된 것이다. 단순히 동양의 경제력 상승에만 그 원인이 있지 않다.

주지하다시피 동양에서 경제성장은 일본이 선두주자였다. 하지만 여기서 제국주의적 침략에 바탕을 둔 19세기 일본의 성장은 논외로 하자. 20세기 후반에 들어 일본을 필두로 한국, 타이완, 홍콩, 싱가포르라는 작은 용 네 마리의 성공적인 경제성장의 길을 따라 큰 용 중국이 경제대국으로 등장하자 이들의 공통문화인 유교 문화가 주목을 받게 된 것이다. 특히 이러한 경제성장의 원인을 문화적인 요인으로 설명하는 학자들에게는 유교 문화가 더욱 중요시될 수밖에 없었다. 동양이 경제성장으로 서구에 대한 물질적 열세와 콤플렉스에서 벗어나면 서구 중심적인 사상으로부터의 전환은 급속히 진행될 것이다.

그렇다면 이러한 동양에서도 동북아의 조그만 반도 나라인 한국이 어떻게 새로운 문명의 중심이 될 수 있을까? 한국의 자산이 무엇이기에 그러한 원대한 비전을 그릴 수 있단 말인가? 한국의 현 위치에 대한 정확한 문명사적 인식은 대단히 중요하다. 바로 민족의 정체성 자체에 관한 문제이며 발전의 원동력이 될 민족의 뿌리에 대한 자존심의 문제이기 때문이다.

## 1. 대한민국의 길

### 북한 문제 해결이 관건이다

 과연 한국이 새로운 사고와 삶의 방식을 창조해낼 수 있을까? 한국에 과연 그러한 역량이 있는가? 아니면 다른 사회와 차별되는 특수한 여건이 있는가? 일견 한국 사회가 직면한 복잡하고 다양한 문제를 감안할 때, 이들 문제를 해결할 수 있다면 세계적 지도국이 될 수 있는 자격을 가질 수 있지 않을까 하는 생각도 든다. 한마디로 요약하면 '한국적 문제의 해결은 세계적 문제 해결의 열쇠'이기 때문이라고 할 수 있다.

 사실 지금 당장 한국이 직면한 환경문제, 빈부격차, 일자리 문제 등은 한국만의 고유한 문제가 아니라 여느 나라나 대부분 당면하고 있는 문제다. 그러나 한국은 다른 나라에 없는 난제도 가지고 있다. 한국은 지금까지 인류사의 어려운 난제를 잘 극복해왔으며 지금은 그 마지막 문턱에 와 있다. 한국이 넘어야 할 마지막 문턱이 바로 '북한 문제'다.

 피를 나눈 동족 간의 전쟁으로도 부족해 극한 대립의 분단이 지속되면서, 한국은 심리적으로도 극도의 긴장 속에 있을 뿐만 아니라 이제 발전 잠재력도 크게 제한을 받는 지경에 와 있다. 나아가 세계적 분쟁의 초점이 되어 국제적 웃음거리가 되면서 민족의 자존심이 크게 손상 받고 있다. 이 문제를 극복하지 않고서는 지도적인 국가는 물론 지속적인 성장도 이룰 수가 없는 것이다.

한국이 1960년대에 아프리카 가나 수준인 1인당 국민소득 80달러에서 지금 2만 달러 수준이 되었다고, 또 군사독재를 청산하고 민주화에 성공했다고 세계적 지도국가가 되는 것은 아니다. 인류가 공감하는 고통과 아픔도 함께 이겨낼 수 있는 특별한 역사를 창조하지 않고서는 그러한 위치에 설 수 없는 것이다. 민족의 문제일 뿐만 아니라 세계의 문제이기도 한 북한 문제를 성공적으로 극복한다면 이는 곧 한국이 세계의 지도적 위치에 설 자격이 있음을 보여주는 것이다. 이런 점에서 보면 북한 문제는 지금의 한국에는 크나큰 고난이지만 이를 성공적으로 극복하면 장차 축복의 원천이 될 수 있다.

골드만삭스가 한국의 미래를 그렇게 높게 평가한 것도 다름 아닌 통일을 전제로 한 것이다. 남북이 하나 된 대한민국의 잠재력에 대한 평가는 지금 생각하는 것보다 훨씬 더 위력적임을 의미한다.

물론 북한 문제의 극복은 단순히 물리적 통일만을 의미하지 않는다. 적어도 문명사적인 중심으로서의 역할을 하자면 물질적 기반을 넘어서 사상적 기반이 없이는 물거품에 지나지 않을 것이다. 북한 문제를 포함해 한국 사회가 안고 있는 난제를 극복하기 위해 필요한 것은 크게는 사상의 혁명, 작게는 사고의 전환이 필요하다. 적어도 현실을 보고 해석하는 인식의 변화가 필요하다. 한국의 지상 과제인 북한 문제의 해결도 바로 북한에 대한 인식의 변화 없이는 해결할 수 없다.

# 2

# 한국의 문명사적 위상

**동양과 서양의 사상적 융합이 가장 잘된 나라**

그렇다면 한국에는 새로운 사상이나 가치관을 창조할 수 있는 기반이 갖추어져 있는가를 살펴보아야 할 것이다.

동양사상의 정수인 불교와 유교가 가장 화려하게 꽃피운 곳이 한국이다. 특히 그 실천에서 타의 추종을 불허할 수 있었던 것은 국가의 규모가 상대적으로 작아 집중도가 높고 통제에 용이했기 때문일 것이다. 또한 서양사상의 원천 중 하나인 기독교

## 2. 한국의 문명사적 위상

가 동양 문명권 내에서 가장 번창한 곳이 바로 한국이다. 비서구 문명권 가운데 기독교가 번성하는 유일한 나라인 것이다. 동양사상 및 서양사상의 정수를 다 가진 것이며, 이런 관점에서 본다면 한국은 지구 상 어느 나라보다도 사상적으로 부유하다.

서양사상의 양대 기둥의 하나인 그리스철학은 그 표현상의 차이는 있지만 동양 유교사상과 큰 차이가 없다. 그러나 기독교 사상은 서구사회를 다른 사회와 특별히 구별되게 만드는 결정적 역할을 해왔기 때문에 여기서는 서구를 서구로 만드는 핵심 사상인 기독교를 이야기하지 않을 수 없다.

일찍이 서구 문화를 도입한 일본에 한국보다 200년이나 앞서 기독교가 전파되었으나 일본의 기독교는 통계상으로만 보아도 인구 1~2%도 못 미치는 미약한 수준이다. 따라서 기독교가 일본인의 사고방식이나 생활양식에 영향을 줄 수 있는 정도의 사상으로 보기는 어렵다.

중국에도 일찍이 서구 기독교가 전래되었으나 큰 위력을 발휘하지 못했다. 특히 지난 세기 공산주의 혁명의 성공으로 공산주의 유물론 이외의 사상은 배척을 받아 탄압되었다. 외래 종교인 기독교뿐만 아니라 중국의 전통사상인 유교나 불교까지 배척되었다. 1980년대의 개혁·개방 이후에도 기독교는 계속 경계의 대상이 되면서 중국 종교의 변방에 머물고 있다.

그러나 한국에서 기독교의 위상은 특별하다. 200여 년 전 전래 당시부터도 특별했다. 한국의 기독교는 외국의 선교사가 아닌 한국인 스스로가 국내에 도입한 세계 유일의 사례다. 당시 시간의 경과와 더불어 경직화되어가던 유교의 형식주의적 교리에 질식하던 조선의 지식인들에게 기독교는 새로운 세상을 여는 청량제였다. 사회발전을 옥죄는 유교에 대한 돌파구로서 기독교는 새로운 사상적 대안이 되길 기대했던 것이다.

그 후 조선이 망하고 일제를 거치는 우여곡절 속에서도 기독교는 점차 교세를 확대해 나갔다. 특히 광복 후 이승만 시대부터 미국의 절대적 영향하에서 기독교는 번성해갔다. 경제성장과 더불어 서구화의 분위기에 편승해 기독교는 급성장했다. 이제 한국에서 기독교는 가장 강력한 종교가 되었을 뿐만 아니라 세계에서도 유례없는 기독교 전파의 성공사례가 되고 있다. 심지어는 한국은 세계에서 미국 다음으로 많은 선교사를 해외에 파송하는 기독교 강국이 되었다.

결국 한국은 지구 상에서 동양사상과 서양사상이 같이 꽃피고 있는 유일한 나라인 셈이다. 같은 문화권인 중국이나 일본과 크게 다른 점이다. 이러한 현상은 문명사적으로 대단히 중요한

## 2. 한국의 문명사적 위상

의미가 있다. 문명의 중심이 동양으로 이동하고 있다는 것은 동양사상으로의 회귀가 아니라 문제가 되는 서양사상을 극복한 동양사상이어야 하기 때문에, 서구 기독교가 충분히 개화하지 못한 곳에서는 서양사상을 극복할 수 있는 바탕이 애초에 존재하지 않는 것이다.

말하자면 서구인의 사고방식과 생활의 일거수일투족을 철저하게 지배하고 있던 기독교 사상을 앞에 두고, 그 비상식성과 비합리성에 대한 처절한 실존적 고뇌를 하던 서구 철학자를 넘어서야 하는 것이다. 서구의 기독교 교리와 인간의 양심과 상식 간의 갈등에서 비롯된 가치관의 혼란에 대해 사회적으로 깊이 고뇌할 때 비로소 서구를 넘어서는 새로운 사상이 출현할 수 있기 때문이다. 서구인의 근본적 고민을 체험하지 못한 사회에서 서구를 넘어서고 서구를 품을 수 있는 대안적 사상이 나오기를 기대할 수 없는 것이다.

결국 한국은 동서양 사상의 변증법적 통합을 통해 동서양을 포괄하는 새로운 사상이 출현할 수 있는 가장 좋은 토양을 지니고 있다고 볼 수 있다.

## 성인의 가르침에 익숙한 도덕사회

이처럼 한국은 성인의 가르침을 중심으로 하는 세계의 주요 종교가 가장 농도 진하게 번성한 나라다. 삼국시대와 신라, 고려의 불교는 부처의 가르침을, 조선의 유교는 공자의 가르침을, 오늘날 한국의 기독교는 예수의 가르침을 실천하는 데 어느 나라도 따라가지 못할 정도로 열심이었다. 사람의 행동을 결정하는 가장 강력한 가치체계의 하나가 종교라고 한다면 이러한 종교적 기반은 그 의미가 매우 중요하다.

성인의 가르침의 핵심은 엄격한 도덕성의 요구다. 오랜 세월 주류 종교는 그 이름이 달라도 도덕성에 대한 요구는 동일하다는 특색이 있다. 성인의 가르침이 시대와 장소의 한계를 벗어나 주류 사상으로 인류 문명사를 지배해온 것도 바로 이러한 수준 높은 도덕성에 바탕을 두고 있다.

일본이 경제대국이면서도 세계적 지도국의 반열에 들지 못하는 것은 이러한 도덕성의 결여 때문이다. 외관상 불교와 유교가 일본의 주류 종교로 보이지만 이들은 주로 초월적·내세적인 측면에 국한되고 현세적 생활을 지배하는 윤리는 주로 일본 고유의 사상인 신도와 사무라이 정신이다. 이들의 특징은 인류보편성에 바탕을 둔 윤리라기보다는 일본 특유의 것으로 도덕성과는 무관하다는 점이다. 그래서 일본을 도덕적 사회(moral society)보다는 도덕관념이 없는 초(超)도덕적 사회(amoral society)라고 부르는 것이다. 한일 간 해결해야 할 주요 이슈 중의 하나인 일본의 과거사 문제를 풀기 어려운 것도 이러한 일본 사회 자체의 도덕성 문제와 무관하지 않다.

동양사상의 중심국인 중국은 유교와 도교의 발원지로 세계사상사의 중심적 역할을 해왔다. 이들 중국의 사상은 인도 사상과 더불어 18~19세기 서구의 계몽시대를 여는 데 결정적인 역할을 했다. 16세기 서구의 종교개혁 후 새로 등장한 신교 때문에 구교는 서구 이외의 세계에 기독교를 선교함으로써 서구에서의 수세를 만회하려고 했다. 이에 즈음해 중국에도 16세기부터 서구의 선교사들이 파송되어 선교를 시작했다. 이들 선교사는 시간이 경과함에 따라 현지어인 중국어에 익숙해지자 중국의 고전을 비롯한 주요 서적을 라틴어 등의 서구어로 번역하기 시작했으며, 이들은 자연히 서구 사회에 전달·유통되었다.

중국 고전은 신(神) 중심의 중세적 사고에 갇혀 있던 서구인에게는 혁명적인 사상이었다. 모든 것을 신을 중심으로 해석해오던 서구 사회에 애초부터 기독교적인 신의 존재를 전제하지 않고 사회현상을 설명하는 중국의 사상은 중세 기독교 사상에 갇혀 있던 서구 철학자들에게 새로운 빛이자 대안으로 등장한 것이다. 신이 없어도 세상은 성립하고 신을 전제하지 않고도 세상은 작동할 수 있다는 것을 서구인들은 비로소 깨달은 것이다. 인간의 이성(理性)이 신을 대체하게 되는 계몽기의 이신론(理神論)은 바로 이러한 배경에서 탄생했다.

계몽주의 시대의 합리적 사고가 산업혁명으로 이어지면서 서구는 물질적으로 비약적인 발전을 이루었다. 이를 바탕으로 19세기부터 동양은 서구에 침탈당했고 중국이 가장 큰 피해자였다. 중국은 정체의 원인을 전통사상의 탓으로 돌리며 새로운 시대의 사상적 대안으로 공산주의 사상을 도입했다.

공산주의 지배가 확립되면서 유교, 불교, 도교를 비롯해 극히 소수에 지나지 않던 기독교도 철저하게 탄압되고 성인들도 철저하게 비판, 탄핵되었다. 세계의 주요사상이 모두 배척되면서 공산주의 유물론이 지배하는 공산주의 도덕관 중심의 사회가 되었다. 1980년대의 개혁·개방 이후 사상적 자유도 확대되면서 배척받던 중국의 전통사상이 허용되고 전통적인 가치관이 되살아나고 있다. 그러나 정치적으로 공산당 독재를 유지하면서 유물론적인 사고 위에 진행된 시장제도는 기형적인 가치관을 만들어내고 있다.

    이런 각도에서 보면 동일한 문화를 공유하는 동북아 3국 가운데 한국의 도덕적 기반이 가장 든든한 셈이다. 한 사회의 궁극적인 힘은 도덕성에서 나온다. 도덕성에 바탕을 두지 않는 지도력이나 도덕성을 기반으로 하지 않는 물질적 성공은 생명주기가 극히 짧을 수밖에 없다. 특히 현대사회의 많은 문제가 도덕 영역의 축소와 왜소화에서 비롯된다는 점을 감안하면 도덕의 중요성에 대한 재조명이 매우 중요하다. 한국이 사회의 도덕성에 대한 인식을 새롭게 한다면 경제적 성공을 토대로 세계의 지도국이 될 수 있는 자격을 갖추게 되는 것이다.

    오늘날 한국 사회에서 도덕적 스캔들을 자주 볼 수 있는 것은 여러 가지 원인으로 설명할 수 있을 것이나, 바로 한국의 도덕적 기대 수준이 그만큼 더 높고 도덕에 더 민감하기 때문이라고 보아야 할 것이다.


**수준 높은 전통사상**

    사실 한국 사회가 높은 도덕성을 유지할 수 있었던 이유는 고유의 전통사상이 먼저 그 기초를 닦아놓았기 때문이다. 한민족은 나라를 세울 때부터 달랐다. 나라를 세우는 것도 개천(開天)이라 하여 하늘, 즉 진리를 여는 것이라 했다. 새로운 진리를 선포하면서 진리 위에 새로운 나라를 시작한 것이다. 당시 미개한 사회를 한 차원 더 수준 높은 사회로 만들 수 있는 새로운 진리로써 나라의 사상적 기초를 세운 것이다. 누구나 잘 아는 건국이념 '재세이화(在世理化) 홍익인간(弘益人間)'이 그러한 진리의 핵심이다. 진리를 깨우치고 진리로 세상을 다스려 널리 인간을 이롭게 하고자 나라를 세운 것이다.

널리 인간을 이롭게 한다는 홍익인간 사상은 곧 인간을 모든 가치의 중심으로 삼는 인본주의 사상이다. 부처와 공자, 예수와 같은 성인의 가르침도 그 핵심은 인본주의다. 성인들은 당시 신을 섬기는 방식이 오히려 인간을 괴롭히며 고통을 주는 모순된 현실을 비판하며, 이를 개혁해 신은 인간을 위해 존재하고 나아가서 인간이 바로 신이라는 혁명적 사상을 주창했다. 누구나 부처가 될 수 있으며 누구나 군자가 될 수 있다는 사상이나, 인간이 안식일을 위해 존재하는 것이 아니라 안식일이 인간을 위해 존재한다는 말씀이 바로 이를 대변하고 있는 것이다.

시간의 경과와 더불어 성인의 가르침도 다시 변질되기 마련이다. 그때마다 개혁적인 사상이 일어나는데, 그 핵심은 바로 인본주의로 다시 돌아가자는 것이다. 성인의 말씀이 끊임없이 살아 있는 이유도 바로 이들의 인본주의 사상 때문이며, 시대마다 나타나는 개혁 주장은 주객전도로 상실된 인본주의를 다시 시대에 맞게 부활시키자는 것이다.

그렇다면 한국의 홍익인간 인본주의 사상은 지금도 유효한 것이다. 그동안 서로 다른 사상을 중심으로 나누어졌던 지역 단위의 세계도 이제 교통 통신의 발달로 하나의 지구촌으로 통합되고 있다. 이러한 다양한 사상을 하나로 결합하는 핵심이 바로 인류보편애에 입각한 인본주의라고 할 수 있다.

최치원도 9세기에 우리나라에는 일찍이 유불선을 포괄하는 현묘한 도인 풍류도(風流道)가 있었다고 했다. 이는 바로 홍익인간 사상이요 인본주의 사상이라고 할 것이다. 풍류도란 말이 상징하듯이 인본주의란 자연의 이치대로 살아가는 것이다.

오늘날 전통사상에 대한 재조명이 많이 일어나고 부활을 주장하는 배경도 이러한 점에서 보면 충분히 수긍이 간다. 문명의 전환기인 오늘날에 새로운 가치관을 찾아야 한다면 이는 다름 아닌 상실된 인본주의를 회복해 새로운 시대에 맞게 재창조하자는 것이며, 바로 이 전통사상이 지구 상 최초로 나타난 인본주의의 정수를 가지고 있기 때문이다.

### 가족적 유대가 강한 사회

한국 문화의 가장 큰 특징 중의 하나가 혈연에 바탕을 둔 가족과 친족 중심의 사고관이 강하다는 점이다. 유교적 전통하에서 강하게 지속되는 제사 문화는 그 대표적인 예다. 유교의 영향력이 강한 동양 문화권에서 이러한 사고관이 특히 강한데, 사실 조상 숭배는 정도에 따라 차이가 있지만 어느 사회에나 존재하는 보편적인 현상으로 종교의 원형적 모습이기도 하다. 다만 근대화가 진행되면서 이러한 현상은 많이 약화되고 있다. 우리나라도 예외가 아니다. 그러나 우리나라는 다른 동아시아 국가에 비해 여전히 가족의 유대가 강하다.

서양사회는 동양사회나 다른 전통적인 사회에 비해 가족을 비롯한 혈연관계에 기반을 둔 결속력이 강한 사회와 달리 일찍이 개인 중심의 사회로 전환했다. 이러한 변화의 핵심에는 바로 기독교가 존재한다.

초기 기독교 전파에 가장 큰 장애가 바로 혈연 중심의 전통이었다. 혈연은 단순한 밥상 공동체를 넘어서 당시로서는 개인의 보호를 위한 가장 효과적인 조직이었다. 재산상의 행위는 물론이고 길흉상제를 비롯한 모든 주요 행위가 혈연 공동체 중심으로 이루어졌다. 따라서 기독교는 이러한 혈연 공동체로부터 개인을 분리하지 않고서는 세력을 확대할 수가 없었다. 기독교의 세력 확대는 바로 이와 같이 개인을 혈연 공동체로부터 분리하기 위한 교리를 강화해가는 것이었다. 개인은 각자가 하느님의 직접적인 지배 대상이 됨으로써 다른 외부의 영향으로부터 벗어나 오직 하느님의 명령만 따르면 되기 때문에 혈연 공동체의 영향으로부터 벗어나게 된다. 기독교 신자가 되면 공동체가 처분을 결정하고 소유하던 재산도 이제 개인이 마음대로 처분할 수 있게 됨에 따라 교회의 재산은 엄청나게 증대했다. 이제 혈연 공동체에 의존할 필요도 없이 모든 것을 교회에 의존하는 것이 더 안전해졌다.

이러한 배경하에서 강화된 서구의 개인주의는 경제와 민주주의 발전의 토대가 되기도 했다. 개인주의의 발달로 개인의 고립은 더욱 심화되어갔다. 근대에 들어 기독교가 쇠퇴하자 교회의 보호도 위기에 직면했다. 의지처가 없는 개인을 보호하는 책임은 자연히 정치 공동체가 맡게 되고 이에 사회보장 등 복지제도가 발달하게 되었다.

이와 같은 서구와 달리 동양은 여전히 혈연 공동체를 유지하면서 근대를 맞이했다. 이는 오히려 예상할 수 없는 변화 속에서 자신을 지켜줄 수 있는 가장 믿을 만한 보호처였다. 지난 세기말부터 진행된 동아시아 유교문화권의 경제 발전도 바로 혈연 중심의 사회 기반 속에서 이루어졌다. 그 결과 동아시아의 자본주의는 혈연으로 인한 정실주의(cronyism)로 부정부패가 심하다는 오명을 받고 있으나, 개인주의 사회인 서구가 오랜 시간에 걸쳐 발전시킨 다양한 제도가 부재한 가운데 경제 발전이 신속하게 성공한 배경에는 혈연 공동체의 역할이 있었음을 부정할 수 없다.

일본의 혈연 공동체는 다른 아시아 사회에 비해 상대적으로 약하다. 유교보다는 일본전통 종교인 신도와 무사도가 강한 영향을 미치기 때문이다. 서구와 유사한 봉건제도도 사무라이제도와 직결되어 있는 것이다. 개인이 혈연 공동체를 통해 보호받는 것이 아니라 봉건제도를 통해 보호받기 때문에 혈연은 그만큼 약화된 것이다. 더욱더 근원적인 배경은 지진·화산·태풍과 같은 대형 자연재해의 일상화로 인한 강한 집단주의와 밀접한 관련이 있다. 대형재해에는 공동으로 대처할 필요성이 강함에

## 2. 한국의 문명사적 위상

따라 자연히 일본은 사회활동의 기본 단위가 마을〔村〕이 되었다. 같은 농경사회였지만 한국 사회의 기본 단위가 혈연 중심의 대가족이었던 것과 크게 다르다.

중국도 공산주의를 도입하면서 혈연 공동체가 많이 약화되었다. 공산주의 혁명은 유교를 포함한 모든 전통을 부정함으로써 이뤄졌다. 개혁·개방 이후 전통이 부활하고 있으나 대체로 전통이 그대로 지속된 우리나라와는 비교할 수 없을 정도다.

한국도 급격한 사회 변화를 경험했으나 다른 사회에 비하면 전통이 비교적 잘 유지되어오고 있다. 근대화 과정에서 전통적 요소가 많이 탄핵되고 부정되기는 했지만 강한 혈연 공동체 의식은 대체로 지속되고 있다. 혈연의 범위가 많이 축소되기는 했지만 적어도 가족 중심의 유대는 어느 사회보다도 강하게 남아 있다.

한국에서 혈연 공동체나 가족의 유대를 약화시킨 원인의 하나가 된 것은 기독교의 확대다. 서구의 초기와 마찬가지로 한국의 기독교도 교세 확장에 비례해 가족 공동체가 약화되어갔다. 주변에서 지금도 자주 볼 수 있는 현상은 조상에 대한 제사를 두고 종교가 서로 다른 가족 구성원들 간에 일어나는 갈등이다. 기독교 교리와 가족 등 혈연 중심의 사고가 갈등을 일으키는 것이다. 더 큰 친족 중심의 공동체가 핵가족 중심으로 변화하는 데는 기독교의 영향도 있다고 보아야 할 것이다.

그럼에도 한국 사회는 이웃 일본이나 중국에 비해 혈연에 바탕을 둔 친족 또는 가족 공동체의 유대가 강하다. 혈연 공동체의 유대는 사실상 인간의 본성과 합치하는 가장 자연스러운 현상이다. 환경의 변화에 따라 그 정도가 변하지만 근대화의 이름으로 또는 종교 교리의 이름으로 이러한 전통을 부정해야 할 이유가 없다. 오히려 자연스러운 양심에도 반할 뿐이다. 그동안 지나친 개인주의로 원자화된 개인은 오히려 사회적 문제의 근원으로 인식되고 있으며 이에 대한 대처 방안으로 가족 공동체 강화가 제시되고 있다. 다만 이러한 혈연 중심으로 인해 발생하는 부정부패 등 부정적인 현상을 어떻게 극복할 것인가가 과제다.

이제는 가족 공동체를 해체할 것이 아니라 어떻게 사회 발전의 원동력으로 활용할 것인가를 고민해야 할 것이다. 이는 새로운 삶의 방식을 찾는 데 중요한 단서를 제공해줄 수 있을 것이다. 혈연으로 인한 부정부패에 대한 가장 효과적인 대책은 바로 민주주의다. 민주주의의 발달로 사회의 투명성이 높아질수록 부정부패는 줄어들기 마련이다. 혈연 공동체로 인한 부정부패만이 아니라 모든 유형의 부정부패는 민주주의의 미발달과 직

## 2. 한국의 문명사적 위상

결되는 것이지 특별히 혈연을 이야기할 필요가 없는 것이다.

또한 지금 한국 사회가 가장 시급하게 요구하고 있는 것이 복지의 확대다. 한국에서 만들고자 하는 복지제도가 가족의 유대가 없는 서구형의 복지제도라면 이것은 방향이 크게 잘못된 것이다. 한국의 자랑스러운 전통인 가족의 유대가 국가의 복지제도로 인해 다시 크게 훼손될 가능성이 높다. 한국형 복지제도는 가족 간의 유대를 손상하는 것이 아니라 강한 가족 간의 유대를 이용하고 오히려 이를 강화하는 방향으로 고안되어야 한다.

강한 가족 간의 유대를 유지하면서 민주주의와 경제 발전에 성공할 때 한국은 새로운 문명 창조의 지도력을 얻을 수 있다. 가족의 중요성은 현대적 발견이 아니라 인류 발생 초기부터 지속된 인간의 본성에 고유한 보편적인 것이기 때문에 가족의 중요성에 기반을 둔 새로운 삶은 다른 사회의 공감도 더욱 높을 것이다.

세계적인 역사학자 아놀드 토인비(Arnold Toynbee)도 한국 기자와의 인터뷰에서 '한국에서 장차 인류문명에 크게 기여할 수 있는 것이 있다면 그것은 바로 부모를 공경하는 한국의 가족제도일 것이다'라고 일찍이 설파했다.* 한국의 귀한 가치에 대한 새로운 인식이 필요하다.

## 지정학적 위치

한반도의 위치는 특수하다. 반도국가로 대륙세력과 해양세력이 주도권을 다투는 틈바구니에 위치한다. 지금도 세계 강대국의 틈바구니에 끼어 있는 형국이다. 한때는 스스로를 지킬 힘이 없어 강대국의 이해관계에 따라 이리저리 휘둘리는 비참한 지경에 처하기도 했다. 강대국의 이해관계에 따라 분단국이 되었고 이들의 이해관계 변화에 따라 계속 표류해왔다.

그러나 반도국이란 불리한 점만 있는 것이 아니라 정반대의 이로운 점도 있다. 스스로 지킬 힘이 있고 주변의 강대국을 우리의 국익에 맞게 활용할 능력만 있다면 오히려 유리한 장점이 된다. 강대국들의 상반되는 이해관계를 조절하는 균형자의 역할을 할 수 있다면 한국이 세계적 지도력을 발휘할 수 있는 절호의 기회를 갖게 되는 것이다. 또한 대륙과 해양의 교차점에서 대륙문화와 해양문화를 동시에 흡수하고 융합할 수 있는 뛰어난 능력을 발휘할 수 있다.

이제 한국은 경제 규모상으로 볼 때 2012년 GDP 기준 세계

---

\* "한국 가족제도는 이상적", ≪매일경제≫, 1975년 10월 15일 자.

15위의 강국이 되었다. G20의 멤버로서 세계 강대국과 어깨를 나란히 하고 있다. 정치적으로 민주화를 이룸으로써 세계적 위상이 한층 높아졌다. 이제 지정학적 위치가 고통의 원인이 아니라 축복이 될 수 있는 시대에 와 있는 것이다.

### 후진국에서 선진국으로 성공한 나라

한국은 세계 발전사에 특별한 위치를 점하고 있다. 식민지 지배를 받았던 후진국 가운데 경제적·정치적으로 성공한 유일한 나라가 되었다. 한국은 비서구 국가를 식민지 종주국으로 두었던 유일한 나라이기도 하다. 특히 식민지 종주국이 동일한 문화권이었던 데다가 한국에서 문화를 전수받은 나라였다는 쓴 경험을 했다. 그만큼 더 문화적 자존심이 손상을 받은 것이다.

그러나 이러한 특별한 경험으로 인해 유사한 식민지 지배 경험이 있는 후진국과 강한 공감대를 형성해, 최고의 롤 모델이 되고 있다. 한국의 성공은 남의 희생을 강요해 이루어진 제국주의 국가들의 성공과는 다르다. 따라서 세계사에서 그만큼 더 중요한 역할을 할 수 있는 것이다. 남의 눈에 피눈물 나지 않게 하면서 이룬 성공의 열매를 후손들은 자랑스러워하며 세계 무대에서 결실을 맺게 될 것이다.

한국은 후진국에 희망의 메시지를 전할 수 있을 것이며 선진국과 후진국의 가교 역할을 할 수 있을 것이다. 이러한 특별한 경험에서 나오는 위치로 말미암아 아직도 절대 다수가 후진국인 지구촌에서 자연스럽게 지도적 역할을 할 수 있게 될 것이다. 남을 제압하는 힘이 아닌 한국의 경험이 지도력의 원천이 되는 새로운 사례를 만들게 되는 것이다.

## 지구 상 유일의 분단국

남북한은 지구 상 유일한 분단국이다. 세계는 탈냉전기에 들어선 지 오래지만 한반도에는 아직 냉전의 찬바람이 불고 있다. 분단으로 인한 민족적 고통은 북한의 폐쇄적인 독재 체제로 더욱 가중되고 있다. 그러나 다른 한편으로 보면 이 분단의 고통은 한국이 세계적인 지도국이 될 수 있는 최고의 터전을 제공해 주기도 한다. 분단의 고통이 큰 만큼 이를 극복하면 더 큰 축복을 누릴 수 있는 것이다.

## 2. 한국의 문명사적 위상

 분단으로 인한 한국 사회의 좌우 사상 대립은 다른 사회에서는 볼 수 없는 독특한 현상을 만들어내고 있다. 그렇기에 한국 사회의 좌우 대립은 다른 사회의 좌우 또는 진보·보수의 대립 현상으로는 설명할 수 없다. 북한의 체제는 단순한 공산당 독재를 넘어 세습적인 일인지배의 독재 체제를 유지하고 있고, 남한은 극우 군사독재 체제를 경험했다. 따라서 한국 사회의 사상적 스펙트럼은 극좌에서 극우를 포함해 매우 폭넓게 전개되어 있다. 다른 사회보다도 더욱 다양한 사상적 분포를 보이고 있는 것이다. 달리 보면 한국은 이데올로기의 각축장으로 이데올로기적으로 매우 분파적인 사회이지만, 다른 한편으로는 이데올로기의 부자 나라라고 할 수 있다. 새로운 사상적 대안을 찾는 데 그만큼 더 유리한 환경을 갖추고 있다.

 또한 분단에서 통일로 가는 과정에서 만들어지는 통합의 정치는 어느 사회도 경험할 수 없는 한국만의 특권이다. 평화적으로 통일을 만들어가는 과정을 통해 지극히 대립적인 극단의 이해관계를 조절하며 대안을 모색해가면서 많은 것을 배우며 지도력을 배양하게 될 것이다. 북한 개발도 남북이 협력하면서 이전과는 다른 새로운 개발 모델을 만들 수 있을 것이며, 이는 다른 후진국의 새로운 모델이 될 수 있을 것이다. 이러한 과정을 통해 한국의 세계적 지도력은 더욱 강화되고 정당화될 것이다.

## 장점과 단점은 동전의 양면

이상과 같은 관점에서 본다면 한국이 인류문명의 전환기에 새로운 사상과 새로운 삶의 양식을 만들어낼 수 있는 나름대로의 바탕을 가지고 있다고 볼 수 있다. 세계의 중심이 동양으로 이동하고 있고 그 동양의 중심이 한국이 될 수 있다는 주장은 아전인수만은 아니라고 할 것이다. 문제는 이러한 여건을 활용해 그 꿈을 실현하도록 만들 수 있는 역량이다.

원래 장점과 단점은 별개의 것이 아니다. 만약 이러한 여건을 제대로 활용하지 못한다면 언제든지 발목을 잡는 단점으로 변할 수 있다. 다행히 한국의 여건은 지금의 문명사적 요구와 잘 부합하기 때문에 제대로 방향을 설정해 주어진 역할을 다한다면 그만큼 더 큰 성과를 기대할 수 있을 것이다.

역사적으로 한민족이 독특한 정체성을 유지할 수 있었던 배경은 한반도의 우수한 자연환경에 기인하는 바도 크다. 중국의 다른 소수민족인 몽고족이나 만주족은 열악한 자연환경 탓에

## 2. 한국의 문명사적 위상

비옥한 지역으로 정복을 확대해 마침내 중국 대륙을 점령했다. 그러나 시간의 경과와 함께 한족에 동화되고 지금은 중국 변방의 소수민족으로 전락하고 말았다.

그러나 한민족은 발해 이후 북방 진출이 무너지자 한반도에 계속 정착하게 되었다. 아마도 한반도는 '금수강산'이라는 비유가 보여주듯이 충분히 잘살 수 있는 유리한 자연환경이었기 때문에 북방에 대한 진출이나 정복이 그렇게 절실하지 않았다고도 볼 수 있다. 북방 진출을 포기하고 조그만 한반도에 정착함으로써 영토는 물론 한민족의 대륙적 기질도 많이 약화되었지만 다른 한편으로 민족의 정체성을 유지하는 결정적인 계기가 되었다. 이러한 환경의 영향으로 이웃에 대한 침략의 필요성이 크지 않았다. 오히려 북방의 침략으로부터 지키는 것이 주가 되었다. 그러다 보니 침략이나 전쟁보다는 평화와 공존이 한민족의 생활방식에 더 합당한 것이 되었다.

그러나 이러한 생활방식도 시대적 요구와 부합하지 않으면 단점이 될 수 있다. 제국주의 시대와 같이 힘의 논리가 지배하던 시대에는 강대국의 희생물이 될 수 있었음을 역사가 보여주고 있다. 제국주의 시대가 사라지고 뒤이어 변형된 모습으로 등장한 대립 갈등의 냉전시대에도 다시 희생물이 되고 말았으며 아직도 그 고통을 받고 있다. 이제 이른바 탈냉전시대로서 평화와 공존, 조화를 추구하는 새로운 문명사적 요구는 한민족의 가치와 잘 부합하고 있다. 말하자면 장점을 발휘할 수 있는 시대가 온 것이다.

그러나 이러한 가치의 발현을 제한하는 것이 적대적 대립을 강요하는 분단구조다. 불행하게도 아직 힘의 논리와 대립과 갈등의 사고에 입각한 냉전구도가 한반도에는 그대로 존속하고 있다. 따라서 한반도에는 여전히 강대국 중심의 이해관계가 지배적 원리로 작동하고 있다. 냉전의 산물로 만들어진 분단구조 속에 있는 한국은 여전히 국제적 이해관계의 각축에서 벗어나지 못하고 있다.

또한 지속된 분단으로 이제 성장 동력을 거의 소진한 상태다. 만약 새로운 성장 동력을 찾지 못한다면 주어진 문명사적 사명도 공염불이 되고 말 것이다. 분단으로 한계를 맞이한 발전 잠재력을 회복하는 길은 다름 아닌 분단의 극복이다.

오늘날 한국의 주변 정세는 분단 극복을 지원하기는커녕 분단의 질곡을 벗어나지 못하게 방해하고 있다. 주변 강대국들은 현재의 분단 상황을 자국의 이익에 유리하게 활용하는 데만 관심을 가지고 있다. 사실 이러한 현상은 국제정치의 당연한 논리이기도 하다. 어느 나라나 국제 정치의 현장에서는 자국의 국익을 중심으로 행동할 수밖에 없기 때문이다. 외관상으로는 도덕적으로 그럴듯한 표현으로 포장하지만 그 실질은 모두 국익을 위한 것이다. 개인과 국가의 행동원리는 다르다.

이제는 이데올로기적인 접근을 떠나 국익의 입장에서 바라보아야 한다. 만약 한국이 지금의 상황을 극복해야 한다면 스스로 할 수밖에 없다. 주변국들은 현상 변경이 자국에 도움이 되지 않기 때문에 먼저 나서서 현 상황을 변경하고자 할 이유가 없다. 현상 변경의 의지는 한국 스스로에게서 나올 수밖에 없다. 주변의 정세에 수동적으로 구속될 것이 아니라 이를 한국의 국익에 맞게 활용하고 변화시킬 수 있는 방안을 스스로 찾아야 한다. 그렇지 않으면 아무리 문명사적 여건이 좋다고 하더라도 이를 활용할 능력을 발휘할 수가 없다. 분단의 극복은 곧 새로운 문명사적 역할을 위한 최소한의 요건이다. 그렇다면 어떻게 남북 관계를 해결해 분단을 극복할 수 있을 것인가 살펴보자.

# 3

# 불편한 진실

### '불편한 진실'을 더는 외면하지 말자

금년 2013년 2월의 제3차 북한 핵실험 이후 한국 사회에서 전개되는 여러 논의를 보면서 다시 한 번 크게 실망하게 된다. 언론을 중심으로 제시되는 북핵 문제에 대한 다양한 설명과 주장은 다루지 않는 이슈가 없을 정도로 방대하고 상세하다. 특히 이들 논의의 핵심은 북한의 도발에 대한 대응과 제재다. 그러나 많은 경우 무언가 공허하고 비현실적으로 들리는 이유는 무엇

3. 불편한 진실

때문일까? 나아가 이들은 국익과 전혀 반하는 정책을 만들어내는 계기가 되곤 한다.

이제는 북한 핵문제뿐만 아니라 한국 대북정책의 전제가 되고 있는 북한 자체에 대해 쉽게 인정하고 싶지 않은 '불편한 진실'을 더는 외면하면 안 될 시점에 와 있다. 아니, 너무 늦었다. 그렇기 때문에 그동안 실효성 있는 대북정책을 구현할 수 없었던 것이다. 이제 이러한 '불편한 진실'을 애써 외면하거나 달리 포장해 국민을 혼란에 빠뜨리지 말고 있는 그대로 인정하자. 그리고 이를 바탕으로 정면 대응하자. 그래야 실현할 수 있고 지속할 수 있는 대북정책이 수립되지 않겠는가.

**실종된 대북정책 ─ 임기응변의 대북정책에서 벗어나야 한다**

진정 대북정책이 있는가? 정부는 과연 대북정책으로 설정한 목적을 실현하기 위해 일정한 원칙 있는 행동방침을 세웠는가? 이 글은 바로 대북정책이 '정책'으로 실현될 수 있도록 하는 조건에 대한 이해를 제고하며 구체적인 실천 방안을 제시하고자 한다.

지난 이명박 정부의 대북정책은 2008년 7월 금강산에서 남한 관광객 한 명이 북한군 총격에 사망하면서 실종되고 말았다. 이제 막 출범한 박근혜 정부의 대북정책이라고 할 수 있는 이른바 '한반도 신뢰 프로세스'도 북한의 핵실험 문제로 좌초될 위기에 놓여 있다. '한반도 신뢰 프로세스'가 진정한 '정책'이 되려면 이러한 위기로 인해 좌초되는 것이 아니라, 이러한 위기에도 원칙 있는 행동으로 지속될 수 있는 실천 방안이 있어야 할 것이다.

지금까지의 대북정책을 보면 대체로 일관된 원칙으로 수행하기보다는 그때그때 예상 밖에서 발생하는 사건을 수습하는 차원의 임기응변식 위기관리 방식에 지나지 않았나 하는 비판을 벗어날 수 없다. 남북 관계는 그 현실적 특성상 – 그것이 최고 지도자의 의도에 의한 것이든 일선 병사의 실수에 의한 것이든 정도의 차이는 있지만 – 크고 작은 사건, 사고가 계속 발생하게 되어 있다. 수많은 전문가를 동원해 오랜 시간을 들여 만든 대북정책이 예상치 못한 조그만 사건 하나로 쓸모없이 되어버린다면 얼마나 낭비인가. 아니, 그러한 대북정책은 '정책'이라고 부를 수도 없는 것이 아닐까.

다른 예와 비교해보자. 만약 서울 – 부산 간에 고속도로를 건설하기로 했다고 하자. 일단 결정이 되었으면 공사 중 사고가 나도 중단되지 않는다. 심지어 터널이나 다리가 붕괴되는 대형 사고가 날 수도 있다. 그러나 그렇다고 중단되지는 않는다. 그러한 사고에도 계획대로 지속하면 마침내 고속도로가 완성되는 것이다. 한국의 대북정책도 일정한 목적이 설정되었다면 예상치 못한 사건, 사고에 닥치더라도 지속성을 띠고 나아갈 때 그 성과를 얻을 수 있는 것이다. 물론 다른 정책과 달리 남북 관계가 갖는 특수성이 있다. 그러나 어디까지나 정도의 문제에 지나지 않는다. 이제 그동안의 시행착오를 교훈삼아 좀 더 지속 가능한 실천 방안을 찾지 않으면 안 될 것이다.

**정확한 현실인식에 기반을 둔 정책이어야 실현 가능하고 지속 가능하다**

한국의 대북정책이 지속 가능한 '정책'으로서 제 역할을 못하는 가장 큰 이유 중 하나는, 현실에 대한 정확한 진단에 근거해 정책을 수립하기보다는 희망과 기대를 바탕으로 정책을 수립하다보니 실효성이 없다는 점이다. 북한의 제3차 핵실험을 보며, 중국도 이제 북한을 지원할 수 없을 것이라거나 또는 북한보다 월등한 경제력을 바탕으로 전면전을 하더라도 한국이 승리할 수 있기 때문에 다시는 도발할 수 없도록 강력히 제재해야 한다고 주장하기도 한다. 그러나 이는 실현 가능성이 없는 주장에 그칠 뿐이다.

북한이 비이성적인 무모한 행동을 하고 있음에도 이러한 행동을 반복할 수 없도록 하는 대응이나 제재가 제대로 작동하지 않는 것은 한국이 현실을 잘못 판단하기 때문이다. 우리의 시각으로는 극히 비정상적이고 비합리적인 행동으로 보이지만, 체제의 생존이 최고의 지상 과제인 북한의 입장에서는 너무도 잘 계산된 행동인 것이다. 북한은 이해관계 당사국인 한국이나 미국, 또는 중국의 대응 한계에 대해 매우 잘 알고 있으며 여기에 근거해 수위를 조절해가며 대응하고 있는 것이다. 북한은 다음과 같은 세 가지 대전제하에서 행동한다.

### 북한의 전제 1: 중국은 북한 붕괴를 허용하지 않는다

북한이 식량난 등 경제적으로 아무리 어렵다 하더라도 붕괴

## 3. 불편한 진실

될 가능성은 없다. 적어도 인접한 중국이 붕괴를 허용하지 않는 한 절대로 붕괴될 수 없는 것이다. 불행히도 중국이 북한을 붕괴하도록 내버려 둘 가능성은 오랫동안 없을 것이다. 과거 소련이 쇠퇴의 막바지에 동독을 버린 경우를 북한에도 적용해서는 안 된다. 중국은 날로 국력이 강해지고 있으며 이제 미국과 세계적 헤게모니를 겨루며 세력을 확장해 나가고 있는 상황인데 어떻게 이렇게 중요한 완충지대인 북한을 포기할 수 있겠는가?

북한의 지정학적 가치로 인해 북한을 절대로 버릴 수 없는 중국의 정책을 너무나 잘 알고 있기 때문에, 북한은 여기에 근거해 행동하고 있는 것이다. 중국이 원하지 않는 핵실험을 한다고 해서 중국이 북한과의 관계를 단절할 수는 없다. 북한과의 국경이 남북한의 국경보다 5배나 더 긴 중국은 북한이 자신이 원하는 방향으로 정책을 변경하지 않는다고 해서 붕괴하게 버려둘 정도는 전혀 아닌 것이다. 다만 국제사회에서 외교적으로 북한을 비난하거나 또는 지원의 양이나 방식은 다소 조절할 수 있을 것이다. 따라서 중국이 북한에 대해 언론에서 대외적으로 사용하는 표현과 그 속내를 분명히 구분해보아야 하는 것이다.

## 북한의 전제 2: 남한은 전쟁을 일으킬 수 없다

또 하나의 전제는 북한이 도발하더라도 남한은 이에 대한 적당 수위의 대응은 있겠지만 대규모 피해를 유발할 수 있는 전쟁을 일으킬 수 없다고 보는 것이다. 남한은 지금까지 이루어온 경제 발전에 막대한 피해를 줄 수 있는, 특히 대규모 인명 피해를 초래할 수 있는 전쟁은 할 수 없다고 보고 있다. 과거 한국전쟁을 경험한 남한의 국민에게, 전쟁은 어떠한 희생을 감수해서라도 피해야 할 것으로 보는 것이 절대 다수의 입장이다. 한민족 자체의 멸망을 초래할 전면전은 물론이고 대규모의 희생을 수반하는 국지전도 허용할 수 없는 것이다. 남북한이 전쟁으로 초토화된다면 과연 누가 좋아할까?

특히 한국 사회는 전쟁은 물론 북한의 군사적 도발에도 극히 취약한 구조다. 무역의존도가 높은 한국으로서는 공항 활주로나 항만 하역 시설에 대한 간단한 포격만으로도 치명적인 피해를 받을 수 있다. 나아가 한국의 원자력발전소는 북한이 핵무기를 사용하지 않더라도 그에 버금가는 피해를 초래할 수 있는, 가장 잠재적인 취약점이다. 이제 "전쟁을 불사해서라도 북한 핵무기를 없애야 한다"라는 막가는 말은 하지 말자. 한국은 별로 잃을 것이 없는 북한과 다르다. 북한이 전쟁 운운한다고 우리도 전쟁을 각오하자는 책임 없는 말을 더는 하지 말자.

북한의 위협과 도발은 계속되지만 거기에는 일정한 한계가 있을 수밖에 없다. 체제 유지가 지상 최대의 과제인 북한은 전쟁을 야기할 정도의 도발은 할 수가 없는 것이다. 전쟁은 바로 북한 정권의 종말을 뜻하기 때문이다. 따라서 북한의 도발은 남한이나 미국에 대한 의사전달 표시이거나 국내용인 경우가 많을 것이다. 특히 독재 체제의 특성상 내부적 긴장 유지를 위한 수단으로서의 도발 가능성은 상존한다는 점을 감안해 대응해야 할 것이다.

## 북한의 전제 3: 미국은 북한에 군사적 행동을 할 수 없다

북한은 미국이 북한에 대해 군사적 행동을 할 가능성은 낮다고 보고 있다. 왜냐하면 한국이 인질로 되어 있는 상황이기 때문이다. 한국과 동맹 관계인 미국으로부터 군사적 공격을 받으면 북한은 남한에 바로 군사적 보복을 할 수 있다. 남한에는 미군도 약 3만 명이나 주둔하고 있다. 이 점이 미국이 지구 상 다른 지역에서 군사적 행동을 할 수 있는 점과 본질적으로 다르다. 미국이 자신의 긴요한 국익을 위해 군사적 공격이 필요하다고 하더라도 남한의 안전을 고려해 수위를 조절해 극히 제한적인 군사적 행동을 할 수밖에 없을 것이다.

현실적으로 북한이 남한에 대량 보복을 초래할 위험성이 있더라도 미국이 북한에 군사적 공격을 감행해야 할 정도의 긴요한 국익을 북한에서 찾기가 쉽지 않다. 미국이 북한의 대화 요구에 그렇게 쉽게 반응하지 않는 것도 관련 이익이 그만큼 크지 않은 측면이 강하다. 북한은 석유에너지와 이스라엘이 직접 관련되어 있는 중동과 전혀 다르다. 또한 미국의 입장에서도 지금으로서는 한반도에서의 현상 유지가 최선의 방안이다. 특히 과거와 달리 중국의 국력이 날로 강해지는 오늘날에는 중국과 이해관계가 긴밀한 북한에 대한 무력행사가 더욱 어려워지고 있다. 북한에 대한 미국의 군사력 사용은 북한보다는 오히려 중국에 대한 시험 차원일 가능성이 높다.

앞과 같은 전제에 동의한다면 북한의 이른바 비이성적인 벼랑 끝 전술도 이해할 수 있게 된다. 나아가 북한이 향후에도 어떻게 행동할 것인지 예상할 수 있게 된다. 한국의 대북정책도 앞과 같은 전제를 바탕으로 구상되어야 한다. 이러한 현실적 전제를 무시하고 희망사항을 전제로 대북정책을 구상한다면 실현 가능성이 없는 정책에 지나지 않을 것이다.


## 북한 체제는 붕괴하지 않는다

 독일 통일을 보면서 흡수통일 가능성을 이야기하기도 한다. 1980년대 말 당시 소련은 위기에 직면하자 자신이 살기 위해 동독을 처분했으나, 오늘날 중국은 날로 더 강성해지며 세계적으로 영향력을 확대해가고 있다. 또한 중국의 영향력 확대에 대응해 미국이 아시아로 중심축을 이동(Pivot to Asia)하고 있는 데 비례해 북한의 중요성이 증대되고 있다. 이와 같이 북한의 중요성이 중국의 국익을 지키는 데 더욱 필요해졌는데 어떻게 북한을 포기하겠는가. 있을 수 없는 일이다.

 따라서 북한의 붕괴를 전제로 하거나 이를 목표로 하는 대북정책은 성공할 수 없다. 북한의 생존을 전제로 하는 정책만이 대북정책으로서 실효성이 있으며 시간의 경과와 더불어 성과를 거둘 수 있다. 물론 전혀 예상할 수 없는 사태가 발생할 수도 있기 때문에 북한 붕괴에 대한 대책도 당연히 세우고 있어야 한다. 그러나 이것은 하나의 위기 대응 방안일 뿐, 평소 실천하기 위한 대북정책의 내용이 되어서는 안 된다.

앞에 예시한 전제들을 바탕으로 북한 체제를 인정하면서 대북정책을 구상한다면 한국은 훨씬 더 폭넓은 정책을 구사할 수 있을 것이다. 한반도에서의 현상 유지를 바라는 미국과 중국의 이해관계를 만족시키면서 한국이 지향하는 방향으로 실현해갈 수 있는 것이다. 한국의 이해관계는 일면 방관자라고도 볼 수 있는 중국이나 미국의 이해관계와 차원이 다르다. 북한은 한국을 적대한다고 가만히 둘 수 있는 그러한 존재가 아니다. 한국이 적극적으로 나서야 문제를 해결할 수 있다.

## 체제 경쟁은 끝났다

이처럼 한국의 안전에 유익하지 못한 현실적 제약이 많음에도 일관성 있는 대북정책을 유지할 수 있다고 보는 이유는 이제 남북 간의 체제 경쟁은 끝났기 때문이다. 자유민주주의 체제와 독재 체제, 시장경제 체제와 계획경제 체제 간의 경쟁은 이제

## 3. 불편한 진실

비교 대상이 되지 않는다. 북한이 남한보다 많은 대포와 미사일을 보유하고, 나아가 핵무기를 보유하고 있어도 남한보다 우월하다고 보는 사람은 아무도 없을 것이다. 북한은 체제 경쟁에서 패한 만큼 더 자신의 체제 유지에 위협을 느낄 수밖에 없다. 그만큼 더 군사력 강화를 통해 자신의 체제 보호를 도모하지 않을 수 없는 것이다. 북한이 과거보다 더 핵무기에 집착하고 호전적인 언행을 일삼는 것은 그만큼 체제 경쟁에서 뒤떨어지고 있기 때문이다. 극심한 식량난을 겪고 있음에도 군비 강화를 우선해야 하는 이유는 바로 여기에 있다. 3대 세습의 독재 정권을 유지하고 있는 북한에서 체제 유지보다 더 우선하는 가치는 있을 수 없다.

그러나 이러한 체제의 지속 가능성은 한계가 있기 마련이다. 한국은 우월한 체제에 좀 더 자신감을 가지고 장기적인 관점에서 일관된 대북정책을 수립하고 실천해야 할 것이다.

# 4

# 한국의 딜레마
## 상호 충돌하는 가치의 병존

**북한의 이중적 지위 — 적과 형제**

남북의 분단은 한국 사회에 특수한 사고방식을 형성하는 데 결정적인 역할을 하고 있다. 북한을 적인 동시에 형제로 여기는 상호 모순된 이중적 인식은 한국 사회의 특수한 사고방식을 형성하고 있다. 한반도에 냉전과 탈냉전이 병존하면서 사고(思考)가 충돌하고, 여전히 냉전적 이분법과 흑백논리가 사회를 지배하고 있다. 북한에 대한 인식이 개인의 세계관과 직결되어 있음은 물론이고 국제관계에 대한 인식에도 결정적인 영향을 미치고 있다. 이념이 사실을 압도하면서 현실에 대한 객관적 인식을 방해하고 있는 것이다.

### 남북한 가치관의 충돌

 남북이 갈등을 일으키는 근본적인 원인은 바로 서로 다른 가치관을 지향하는 체제상의 대립이다. 남한은 자유민주주의와 시장경제 체제를 기본원칙으로 삼는 데 반해 북한은 사회주의 계획경제 체제를 기본원칙으로 삼고 있다. 나아가 북한은 3대 세습의 독재 체제라는 지구 상 유례없는 체제를 지속하고 있다. 따라서 자신의 기득권 보호를 위해 독재 체제의 유지 존속이 지상 과제인 북한 지배층과 이러한 지배층의 일방적 지배 대상인 일반 주민과의 관계는 국민이 직접 선거를 통해 권력 담당자를 선출하는 자유민주주의하에서의 지배자와 피지배자의 관계와 전혀 다를 수밖에 없다. 그러나 체제 유지를 지상 과제로 삼고 핵개발까지 하는 북한의 지배층과 굶주림에 허덕이는 피지배층 주민을 구별해 대응하기가 사실상 불가능하다. 북한 주민에 대한 지원이 결과적으로는 독재 체제에 대한 지원이 될 수 있기 때문이다. 그러기에 단일한 국가인 북한을 두고서도 갈등할 수밖에 없다.

독재 체제를 유지하기 위해 핵개발까지 하며 위협하는 북한으로부터 국가의 안전을 지키는 동시에 평화적 통일을 달성해야 하는 한국으로서는 상호 충돌하는 두 가지 목적을 동시에 달성해야 하는 중차대한 과제를 안고 있는 것이다.


### 경제와 안보 간의 갈등

광복 후 한국전쟁을 거쳐 경제개발을 해오던 1980년대까지만 해도 한미 간의 이해관계는 대부분 일치해 크게 문제될 것이 없었다. 분단된 한국은 정치적·군사적으로뿐만 아니라 경제적으로도 전적으로 미국에 의존해왔다. 다른 선택은 할 수도 없었다. 그러나 중국의 개혁·개방, 소련을 비롯한 사회주의권의 몰락은 한반도에 큰 변화를 가져왔다. 특히 시장경제 체제의 도입 이후 중국의 국력이 날로 강해지면서 급기야 G2의 시대가 되자 기존의 한미 관계는 더는 유지하기 어려운 국면에 처했다.

## 4. 한국의 딜레마

먼저 경제적인 관점에서만 보아도 과거에는 미국과 일본이 한국의 경제적 생명선이었으나 이제 이 생명선에 큰 변동이 일어나고 있다. 과거 중국의 등장 전에는 대외무역 지향의 한국 수출입은 주로 미국과 일본을 중심으로 이루어졌다. 한중 수교의 해인 1992년의 경우 한미 간의 무역과 한일 간의 무역은 각각 전체 무역량의 22.9%와 19.6%였다. 한중 간은 겨우 4%였다. 그러나 20년이 지난 오늘날 한국의 수출입 상대에 큰 변화가 생겨 급기야는 사태가 역전되고 말았다. 즉 2009년부터 중국과의 무역액이 미국과 일본의 무역액 합계를 초과했다. 2012년의 한중 간 무역량은 전체의 20.1%로, 한미의 9.5%와 한일의 9.6%를 합친 양보다 많다. 이제 한국의 경제적 생명선이 미국, 일본 일변도에서 다변화되고 있으며, 그중 최고의 무역 파트너는 중국이 되었다. 따라서 중국에 대한 무역의존도가 가장 높아졌다.

그러나 안보 및 군사상으로는 한미동맹을 바탕으로 여전히 전적으로 미국에 의존해오고 있다. 북한의 위협이 지속되는 한 이러한 군사적 의존관계는 지속될 것이다. 반면에 중국은 북한의 후견국가로서 북한의 안보를 담보하면서 한미와 대립하고 있다. 즉 정치적·군사적 측면은 물론 경제적 측면에서도 전적으로 미국에 의존하던 관계에서 이제 안보상 동맹국인 미국의 가상 적으로 여겨지는 중국에 경제적으로 더 의존하는 현실에 직면하면서 한국은 안보와 경제 간의 갈등 속에 놓이게 되었다.

## 한국과 미국의 이익 충돌

이와 같이 한국의 정치적·군사적 이해관계와 경제적 이해관계의 괴리와 함께 급속한 경제성장으로 중국이 세계 제2의 경제 강국으로 부상하자 지정학적으로 미국과 중국의 대립 현장에 있는 한국으로서는 더욱 어려운 선택에 직면하게 되었다. 미국의 세계적 위상은 상대적으로 약화되고 있는 데 반해 중국은 경제력을 바탕으로 군비강화에도 박차를 가하고 있다. 미국에 안보상 의존하고 있는 한국은 미국의 중국 견제에 동원되지 않을 수 없는 입장이고, 이는 곧 한중 관계의 경색을 가져오면서 경제적 이해관계를 저해한다.

미국의 입장에서 볼 때 성공적인 발전으로 한국의 활용가치가 증대했고, 자연히 한국의 역할 증대를 요구할 수밖에 없다. 특히 미국의 경제력 약화와 일본의 쇠퇴는 한국의 역할 강화를 더욱 필요로 한다. 미국은 한반도 안보 비용에 대한 한국의 분

## 4. 한국의 딜레마

담액 증가 및 아프간 파병과 같은 국제적 역할 증대도 요구하는 것이다. 북한의 도발에서 미국이 보호해주는 대가로 한국은 미국의 요구를 거절하기가 어렵다. 나아가 다른 현안에서도 양보하거나 무기를 더 구입해야 할지도 모른다.

세계를 경영하는 미국의 입장에서 보면 한반도정책은 세계전략의 하위정책일 수밖에 없다. 북한 문제는 미국의 입장에서 보면 그렇게 우선순위가 높지 않을 수 있다. 따라서 미국이 북한에 대해 갖는 의미와 한국이 북한에 대해 갖는 의미는 전혀 다르다. 세계를 다스리고자 하는 최강대국 미국이 지구 반대편에 있는 조그만 나라 북한에서 느끼는 위협과, 휴전선을 맞대고 중무장한 상태로 밤낮 대치하고 있는 남한이 북한에서 느끼는 위협은 원초적으로 다른 성격의 것이다.

국제정치는 국내정치의 연장이라는 말은 여전히 유효하다. 국내정치적 이유로 미국의 대북정책은 얼마든지 변할 수 있다. 주지하다시피 클린턴 대통령의 대북정책과 부시 대통령의 대북정책은 전혀 달랐다. 직접 이해관계자인 한국의 입장을 경청하겠지만 한국이 반대한다고 하더라도 미국의 이해관계에 따라 얼마든지 독자적인 행보를 걸을 수 있는 것이다. 1990년대 초반 북핵 문제 해결을 위한 제네바 협상이 그 대표적 예다.

미국과 중국의 세계전략상 이해관계가 일치할 경우 한국은 두 나라 담합의 희생양이 될 수도 있다. 양국은 다른 지역에서의 더 큰 이익을 위해 한반도에서의 이익은 양보할 수도 있는 것이다. 국제관계는 각국의 국익 중심으로 행동한다는 냉엄한 현실을 항상 인식하고 있어야 한다. 도덕성에 근거해 행동할 수 있는 개인과는 본질적으로 다르다. 한국도 중국과의 국교정상화 시 타이완에 대한 작은 이익을 포기했으며, 중국도 북한의 극렬한 반대를 무릅쓰고 한국과 수교했다.

### 남북 관계와 한중 관계의 갈등

남북 관계와 한국의 대외 관계는 밀접한 연관성을 갖는다. 특히 남북 관계와 한중 관계는 정비례 관계라고 볼 수 있다. 즉 남북 관계가 좋으면 한중 관계도 좋고 남북 관계가 나쁘면 한중 관계도 좋지 않은 것이 지금까지의 대체적인 경향이다. 남북 관계가 군사적으로 긴장 국면에 있으면 자동적으로 한미와 북중의 대립 국면으로 전이되는 경우가 많다. 한국은 미국에 더 의존하게 되고, 국제적으로 미국과 대립하고 있는 중국은 완충 역

## 4. 한국의 딜레마

할을 하고 있는 북한을 편들 수밖에 없다. 중국과의 정치적 대립은 곧이어 경제 분야에도 영향을 미치기 십상이다. 중국에 대한 경제적 의존도가 높아가는 것에 비례해 한국의 취약성은 더해간다. 앞으로 중국에 대한 경제의존도를 낮추기 위해 무역다변화를 확대하는 것이 긴요한 과제가 될 것이다.

남북 관계의 경색 시 한국의 외교적 선택폭은 크게 제한을 받는다. 반면에 남북 관계가 개선되는 만큼 미국에 대해서는 운신의 폭이 넓어지고 중국과의 관계는 더 개선될 수 있는 것이다. 남북 대화를 이끌어내고 협상을 통해 관계를 진전해 나가는 만큼 미국과 중국에 대한 한국의 발언권도 더 강화될 것이다.

미국과 대결 구도에 있는 중국의 입장에서 볼 때 북한은 포기할 수 없는 지정학적 중요성을 띠고 있다. 따라서 중국은 자국의 영향력하에 있는 북한의 붕괴를 허용하지 않는다. 말하자면 남한의 흡수통일이나 미국의 지원에 의한 통일은 절대로 허용할 수 없는 것이다. 결국 북한 정권의 안정을 전제하지 않는 한국의 대북정책은 중국의 협조를 기대할 수 없다. 북핵 문제를 비롯한 북한 문제의 해결에 중국의 역할이 결정적이라고 할 때, 한국의 대북정책 방향도 이러한 중국의 대북정책과 병행할 수 없다면 실효성 있는 중국의 협력을 기대할 수 없을 것이다.

# 5

# 관련국의 이해관계

## 미국과 중국의 이해관계

미국과 중국은 정치적·군사적 관점에서 보면 서로 세계적 지배권을 위한 헤게모니 경쟁을 하고 있기 때문에 한반도도 자국의 국익을 위해 최대한 이용하려고 하는 점은 당연하다. 말하자면 미국과 중국은 한반도만 따로 떼어 별도로 보는 것이 아니라 미중 대립 구도 속에서 보고 있는 것이다. 따라서 미국의 대한정책이나 대북정책은 미국의 대중정책과 밀접하게 연관되어 있으며, 중국의 대한정책이나 대북정책도 중국의 대미정책과 긴밀히 관련되어 있다. 이런 점에서 볼 때 한반도는 미중 관계의 종속변수화되고 있다고 볼 수 있다. 따라서 한반도를 남북 관계에서만 본다면 사태의 본질을 놓치기 쉽다.

미국의 아시아로의 회귀 선언 후 중국의 우려가 현실로 나타나고 있다. 오바마 대통령은 연임 후 첫 해외 순방국으로 미얀마를 찾았다. 그동안 중국의 영향하에 있던 미얀마에 2011년 민선 정부가 들어서면서 미국과의 관계가 급속히 진전되고 있다. 중국의 인도양 출구로서 전략적 중요성을 띠는 우방 미얀마가 가상의 적인 미국과 연대하는 큰 변화에 직면하자 중국의 우려는 더욱 높아지고 있다. 이런 상황에서 북한에 대한 중국의 영향력 감소는 중국으로서는 상상하기 어려운 선택이다.

남과 북이 군사적으로 대립하면서 균형을 이루는 현재의 한반도 상황이 바뀌는 것을 미국과 중국은 원하지 않는다. 미국은 가중되는 경제적 어려움으로 국제적 분쟁이 발생하는 것을 극히 피할 수밖에 없고, 중국은 안정적인 성장을 지속하기 위해 주변의 불안정을 용인할 여유가 없다. 따라서 미국과 중국에 군사적 개입과 같은 상황은 가장 회피해야 할 사안이다. 특히 미국의 북한에 대한 군사적 공격은 중국의 중대한 국익을 침해하는 것이기 때문에 미국이 그러한 위험부담을 감당하기 어렵다. 결국 현재와 같은 안정이 유지되는 현상 유지가 두 나라의 국익에 가장 부합하는 정책이다.

따라서 지금으로서는 미국이 한반도의 안정을 해할 우려가 있는 북한의 정권 교체(regime change)나 붕괴를 초래할 정책을 선택할 가능성이 극히 낮다. 미국은 북한의 정치체제에도 큰 관심이 없다. 그것은 북한 주민이 결정할 사항이라고 보고 있다. 중국도 이 점에서는 대체로 미국과 동일하다. 두 나라가 외견상 어떠한 표현을 사용하든 속내는 이렇게 보아야 한다.

중국은 북한과 1,300km에 달하는 국경을 접하고 있기 때문에 북한의 안정에 대해 미국보다 이해관계가 훨씬 더 민감하다. 북한의 붕괴로 한국 주도의 통일이 이루어진다면 현재와 같은 북한의 완충지대 역할이 사라지고 미국 영향하의 한국과 바로 국경을 대하는 위험부담이 크기 때문이다. 중국이 북한을 단순한 경제 지원을 넘어 중국식 개혁·개방을 통해 장기적인 경제적 안정을 바라는 것도 이러한 이유 때문이다.

결국 미국과 중국이 북한의 안정을 필요로 하는데 한국이 독자적으로 북한 붕괴나 정권 교체 등의 정책을 편다 해도 별로 실효성이 없음은 의문의 여지가 없다.

## 5. 관련국의 이해관계

한편 미국과 중국은 북한의 핵개발에 대해서는 공통의 이해관계를 가지고 있다. 핵보유국으로서 NPT체제를 주도하고 있는 양국은 기존의 질서를 손상하는 북한의 핵개발에 공동으로 대처하고자 한다. 북한의 핵개발로 한국, 일본, 타이완 등의 주변국이 핵무장할 수 있는 명분을 주는 것을 크게 경계하고 있다. 또한 미국의 입장에서는 북한의 핵이 다른 나라로 확산되는 것을 크게 우려하고 있다. 경제난에 직면한 북한이 핵기술이나 원료를 유출할 가능성이 얼마든지 존재하기 때문이다. 북한의 핵개발로 위협을 받고 있는 한국은 미국과 중국의 이러한 입장을 충분히 활용해 핵문제의 해결 방안을 찾아야 할 것이다.

결국 미국과 중국의 공통적인 이익의 관점에서 보면 한반도의 안정을 유지하면서 비핵화를 달성하는 방법만이 실효성 있는 방안이다. 비핵화를 위해 강경정책을 구사하더라도 북한의 안정을 해칠 정도는 허용될 수 없다. 따라서 군사적 대응은 말할 것도 없이 북한의 핵실험에 대한 경제적 제재도 일정한 선을 넘지 못하는 것이다.

## 북한과 미국의 이해관계

2013년 2월 미국의 전 프로농구스타 데니스 로드먼(Dennis Rodman)이 평양 방문을 마치고 한 말이 재미있다. 농구선수와 전혀 어울리지 않는 말이지만, 그는 "북한의 김정은 제1비서가 워싱턴에 있는 오바마 대통령의 전화를 기다리고 있다"고 밝혔다. 농담 같지만 사실이다. 북한은 미국과의 대화가 아니면 체제보장을 비롯해 북한이 직면한 문제를 해결할 수 없기 때문이다.

북한의 핵실험을 중단시킬 수 있는 나라는 중국밖에 없다고 이야기들 하지만 이는 사실이 아니다. 북한의 근본적 문제를 해결할 수 있는 능력이 있는 나라는 중국이 아니라 미국이기 때문이다. 설사 중국이 북한의 핵실험을 중단시킬 수 있다 하더라도 이것은 일시적인 시간 연장일 뿐이다. 그러나 미국은 간단하게 북한의 핵실험을 중단시킬 수 있다. 일단 북한이 원하는 대화를 시작하면 핵실험은 중단된다. 따라서 북한의 핵실험은 미국의 대북정책과 밀접하게 연관되어 있다고 볼 수 있다.

그럼에도 미국은 왜 대화를 하지 않고 자국이 그렇게도 싫어하는 핵실험을 하게 내버려 두는가? 미국은 대화를 한다 해도 북한이 무조건 자기들 방식으로 할 것이기 때문에 소용이 없다고 한다. 그래도 미국은 UN을 통해 제재하면서 항상 북한은 대화에 나서라며 요구하는 양면작전을 구사하고 있다.

근본적인 원인은 미국과 북한 상호 간의 불신이 너무 깊기 때문이다. 그동안 북핵 문제를 둘러싼 20여 년 간의 양국 관계는 불신의 연속이었다. 북한이 약속을 어기고 끊임없이 핵개발을 해 지금의 단계에 와 있는데 어떻게 대화로 핵문제를 해결할 수 있다고 낙관할 수 있겠는가 하는 것이 미국의 입장이다. 그렇지만 지금까지와 같이 제재가 효과가 없다는 것도 미국은 잘 알고 있다. 당분간은 '전략적 인내(strategic patience)'니 하는 등의 이름으로 시간을 끌 수밖에 없다. 한국이 인질로 잡혀 있고 중국이 후견인으로 있는데 군사적인 해결책을 사용할 수도 없기 때문이다.

북한의 입장에서 볼 때도 불신의 이유가 충분하다. 1994년 제네바 합의에 의해 미국은 북한의 핵개발 포기의 대가로 총 200만 kw에 해당하는 경수로 2기의 원자력발전소를 건설해주기로 했으나 중간에 중단되었다. 서로 책임 공방을 벌이지만 북한은 미국이 제네바 합의 당시 공산권 붕괴와 한중 간 국교 수립으로 고립됐던 북한이 머지않아 붕괴하리라 예상하고 애초부터 이행할 의도가 없었다고 의심했다. 제네바 합의를 이끌어

냈던 미국 측 수석대표 갈루치(Robert Gallucci)도 이러한 미국의 북한 정권 조기 붕괴 예상이 빗나갔음을 이후에 수차 밝힌 바 있듯이 북한의 의심도 나름대로 일리 있는 것이었다.

그 뒤 남북 관계의 개선에 발맞추어 미국 클린턴 정부는 대북 관계를 개선하고자 했다. 2000년 북한의 제2인자 조명록 차수가 워싱턴을 방문하고 뒤이어 미 국무장관 올브라이트(Madeleine Albright)가 평양을 방문했다. 임기 말이라 클린턴 대통령의 방북까지는 성사되지 못했다. 그러나 뒤이어 2001년 등장한 부시 대통령은 북한을 이란, 이라크와 함께 '악의 축'으로 규정하면서 대화의 상대가 아닌 적대국가임을 다시 확인했다. 정권의 교체로 대북정책이 180도 바뀐 것이다. 그러나 2006년 북한의 핵실험으로 국면은 전환되었다. 강경한 부시 대통령도 다시 북한과 대화하지 않을 수 없었고, 북한이 요구하는 금융제재를 해제하고 테러지원국 지정을 해제하는 조치를 수용했다.

그 뒤에도 대화와 제재의 강온 국면이 반복되면서 2013년 2월 제3차 핵실험이 성공했다. 지금은 북한의 핵보유가 기정사실화되는 단계에까지 와 있다. 그러면 미국은 왜 이 지경이 되도록 오락가락하면서 시간끌기를 계속하는가?

미국의 입장에서 볼 때 북한은 외교의 우선순위가 전혀 아니다. 전 세계를 관리하는 미국으로서는 한반도가 현 상태로 안정되어 별로 신경 쓰지 않아도 되는 게 최선의 길이다. 북한이 문제를 일으키면 그때그때 순간을 넘기면 된다. 제재를 계속하다 보면 북한이 스스로 붕괴될지도 모를 일이다. 생존의 문제가 걸린 북한의 입장과는 전혀 다르다.

한편 해가 다르게 강대국으로 부상하는 중국과 대결하게 되자 미국은 이제 북한을 재평가하지 않을 수 없게 되었다. 20년 전 북한과 제네바 합의를 할 당시의 중국과 현재의 중국은 전혀 차원이 다르다. 2009년 G2로 등극한 중국과 세계에서 직접 대결해야 하는 새로운 국면에 봉착한 것이다. 이제 미중 관계 내지 중국봉쇄는 미국의 가장 중요한 안보상 이익이 되었다. 중국이 날로 강성해가면서 이제 중국도 자국의 안보상 이익을 강하게 주장하고 있다.

이런 미중 관계의 변화 속에서 북한 문제도 국면이 달라질 수밖에 없었다. 중국에 대한 미국과 일본의 봉쇄정책과 관련해 북한의 존재 가치가 더욱 높아진 것이다. 중국의 입장에서 볼 때 북한의 완충 역할은 더욱 중요해졌고, 북한도 경제 강국이 된 중국과 우호관계를 유지하면서 생존력이 더욱 강화되었다. 미국도 북한의 붕괴는 더는 실현 가능성이 없음을 깨닫게 되었다.

이제 미국도 과거와 같이 북한을 방치하거나 달래며 시간을 끌던 수동적인 태도를 지속해야 할지 아니면 북한을 더욱더 적극적으로 전략적 측면에서 활용해 북한에 대한 중국의 독점적인 영향력을 약화시켜야 할지를 결정해야 할 시점에 와 있다.

오바마 대통령도 취임 후 당시의 경제위기를 극복하고 중동전쟁을 수습하는 데 전력할 수밖에 없었다. 가능하면 북한 문제로부터 벗어나는 것이 상책이었다. 이제 재선에도 성공하고 경제도 어느 정도 안정되고 중동문제도 수습 국면에 접어들면서 북한 문제에도 좀 더 관심을 기울일 여유가 생겼다.

북한을 이용해 미국 안보상의 이익을 추구하는 것도 물론 중요하다. 예를 들면 북한 핵실험을 계기로 일본이나 한국의 군비를 강화하는 것은 중국봉쇄에 큰 도움이 될 것이다. 그러나 다른 한편 향후 중국의 지원하에 북한이 개혁·개방을 하고 세계 시장경제에 편입된다면 북한에 대한 중국의 영향력은 더욱 강화된다. 오히려 미국도 북한에서 경제적 이권을 확보해 중국과 분점하는 것이 필요하다.

구글의 슈미트 회장의 방북도 이러한 관점에서 보아야 한다. 그동안 미국이 정보산업 분야에서는 세계의 추종을 불허하는 우월적 지위를 누렸던 것은 거의 무제한적으로 공급되는 인도의 IT 전문 인력 덕분이었다. 그러나 인도의 급속한 경제성장으로 임금이 크게 상승하고 또한 인도의 전문 인력에게도 단순한 미국의 하청 역할을 넘어선 독자적인 사업을 할 수 있는 기회가 늘어나자, 미국이 필요로 하는 인력 공급에 문제가 발생할 우려가 생겼다. 이에 미국은 북한의 IT 전문 인력에 관심을 갖게 되었다. 특히 북한은 미국 전산망의 방어벽을 뚫고 해킹하면서 그 전문성의 수준을 수시로 과시해왔다. 과연 북한이 주장하는 IT 인력 10만 명 또는 20만 명이 있는가, 그 수준이 어느 정도인가, 미국의 하청 역할을 할 수 있는가 등을 확인해보기 위해 현장 방문이 필요했을 것으로 보인다.

이러한 현상은 시간문제일 뿐이지 다른 분야에서도 마찬가지라고 보아야 한다. 이제 미국의 경제계에서는 북한을 세계시장의 일부로 보기 시작했다고 보아야 할 것 같다. 미국은 다른 나라와 달리 앞서서 북한이 필요로 하는 것을 제공하면서 북한이 자랑하는 금광이나 마그네사이트, 희토류 등 부가가치가 높은 것을 선점할 협상을 할 수 있는 지위에 있다. 한국을 포함한 다른 나라는 제재 등으로 인해 활동이 제한되는 점도 있으나 미국의 향후 대북정책의 변화의 속내를 알 수 없기 때문에 뒤따라갈 수밖에 없다. 아마도 미국은 북한에서 필요로 하는 것을 먼저 선점한 후에야 대화를 통한 관계 개선을 시작할지 모른다.

북한도 미국의 이러한 이해관계와 합치한다. 북한으로서는 다른 어느 나라보다도 미국 기업과 협력하는 것이 유리하다. 미국의 북한 투자는 서방세계에 대한 최고의 청신호로 일본 등 다른 나라의 투자 유치에 큰 촉매제가 될 것이기 때문이다. 다른 한편으로는 중국에 대한 지나친 의존도를 낮추면서 중국을 견제하는 데 큰 도움이 된다.

미국이 북한과의 대화를 더는 지연할 수 없게 만드는 또 다른 문제는 북한 과학기술의 발전이다. 미국은 대륙간 탄도미사일 시험이라고 주장하고 있으나 북한은 주권국가 고유의 권한인 위성 발사라고 반박하고 있는 문제다. 이는 기술적으로 차이가 없지만 사용 목적에 따라 전혀 다르기 때문에 양국의 주장 다 일리가 있다. 미국이 주장하는 바대로 장거리 핵무기 운반을 위한 탄도미사일의 시험일 수도 있으나, 동시에 지난 2012년 12월 위성궤도 진입에 성공한 것을 위성 발사가 아니라고 부정할 수 없게 되었다. 비록 궤도에 진입한 위성 자체의 수준에는 큰 차이가 있으나 적어도 위성 발사는 한국보다 먼저 성공한 셈이다.

북한으로서는 위성 발사도 핵개발에 못지않은 중요한 과제

## 5. 관련국의 이해관계

다. 핵운반체로서의 기능은 물론이고 정보통신의 역할이 날로 더해가는 현대국가의 하나로서 자국의 통신위성을 소유하는 것이 더욱 필요해졌기 때문이다. 무선전화기 사용도 급속히 증가해 지금은 북한 내 대략 180만 대를 넘어선 것으로 알려졌다. 당장은 외국의 통신위성을 임대해 사용하고 있으나 이러한 임대방식을 벗어나 자국의 위성을 가지려는 의지를 꺾기는 어려워 보인다. 이런 상황에서 대륙간 탄도미사일로 사용할 우려가 있기 때문에 위성 발사를 할 수 없다고 하는 것을 북한으로서는 수용할 수 없는 것이다. 북한이 미사일 발사에 대한 UN의 제재에 강력하게 반발하는 것도 이러한 이유에서다. 사정을 잘 알고 있는 미국은 북한을 고립시키는 제재 일변도의 강경정책은 그 수명을 다했다고 판단할 가능성이 높다. 만약 핵문제 해결을 위해 북한이 핵을 불필요하게 만드는 방향으로 미국이 정책을 변경해야 한다면, 위성문제에 대해서도 북한의 요구를 수용할 때 북한의 대륙간 탄도미사일 개발 의지를 저지할 수 있을 것이다.

 더 나아가 오늘날 그 사용이 일상화된 위성항법장치(GPS)의 활용 문제가 있다. 비행기나 선박, 자동차 등 모든 교통수단에 인공위성을 이용하는 GPS의 도움이 필수적인 단계에 와 있다. 특히 강한 군사력 유지가 긴요한 북한으로서는 미사일을 비롯한 현대의 주요 군사 무기가 GPS 시스템을 필수로 하기 때문에 GPS 시스템 구축에 필요한 위성을 주장할 가능성도 높다. 통신위성과 달리 고도의 기술을 요하는 GPS용 위성은 현재 우리나라를 비롯한 대부분의 나라가 미국의 시스템을 무료로 사용하고 있다. 북한도 마찬가지다. GPS 관리와 이에 대한 정보를 미국이 독점하고 있기 때문에 북한은 앞으로 미국의 GPS 이용을 벗어나려고 할 것이나 이는 상당 기간 불가능할 것이다.


### 북한과 중국의 이해관계

북한과 중국은 전쟁을 통한 혈맹일 뿐만 아니라 중국이 외국과 군사동맹을 맺은 유일한 나라다. 비록 지금은 사실상 사문화되어 과거와 같은 동맹 관계로 볼 수는 없으나 여전히 중국은 북한의 생명선이다. 지정학적 위치로 말미암아 미국, 일본의 해양세력의 공세로부터 대륙을 지키는 완충지대로서의 북한은 중국을 위해서도 매우 중요한 역할을 하고 있다. 그러나 중국의 개혁·개방과 동유럽 공산권의 붕괴로 인한 탈냉전 시대에 접어들면서 양국 관계는 긴장이 유발되기도 했다.

## 5. 관련국의 이해관계

특히 1992년 중국이 한국과 수교하자 북중 관계는 크게 악화되었다. 북한은 보란 듯이 미국과의 직접 협상을 통해 미국을 중국 견제에 활용했다. 북한은 NPT 탈퇴를 통해 1993년부터 바로 북미고위급 회담을 시작했고, 다음 해인 1994년에는 제네바 합의를 체결했다. 중국은 2006년 북한의 제1차 핵실험 이후 이는 중국의 비핵화 정책에 반한다는 이유로 미국과 공조해 금융거래 중단을 포함한 UN 제재에 동참하며 북한을 강하게 비난했다. 중국이 과거와 달리 미국과 함께 세계를 리드하는 중심 국가로 등장하면서 국제사회에 대한 책임 있는 역할을 해야 할 필요성도 있었을 것이다. 그러자 이번에도 북한은 곧 미국과 직접 독일 베를린에서 만나 양자회담을 통해 난국을 벗어났다.

이와 같이 대북 강경정책은 북중 관계 악화는 물론이고 북한에 대한 중국의 영향력을 약화시키며, 미국이 중국을 포위하는 데 북한을 이용할 수 있음을 중국은 다시금 깨달은 것이다. 중국은 이제 북한 문제를 북핵 문제와 분리해 대응함으로써 북한에 대한 영향력 약화를 더는 허용하지 않기로 한 것으로 보인다. 이후 중국은 북핵 문제에 대한 국제공조에서 미국과 계속 거리를 두고 있다. 국제사회의 대북 제재가 큰 위력을 발휘하지 못하는 것은 중국의 이러한 이해관계 때문이다.

아닌 게 아니라 2009년 북한의 제2차 핵실험 후에는 UN 제재 결의가 있었음에도, 같은 해 중국의 고위급 대표단이 보란 듯이 평양을 방문해 북중 협력을 더욱 강화했다. 이로써 중국은 국제사회의 제재 노력을 무색하게 만들며 그 속내를 잘 보여주었다.

북한의 2009년 5월 제2차 핵실험 직후 UN 대북 제재안으로 안보리 결의 1874호가 6월에 가결되어 국제사회의 제재와 봉쇄를 받았다. 그러나 그 해 10월에 중국의 원자바오(溫家寶) 총리가 평양을 방문해 '중조 5개년 경제기술협력 협정'을 체결하고 경제원조와 황금평 위화도 경제지대와 나선경제무역지대에 대한 공동개발에 합의하며 중국과 북한의 경협을 더욱 강화함으로써 국제사회의 제재를 무색하게 만들었다. 오히려 과거와 달리 양국의 중앙정부 차원에서 공동개발사업을 추진하는 격상된 유형의 협력을 합의한 것이다. 중국의 이해관계가 어떠한지 잘 보여주는 사례다.

그러나 중국의 지지와 지원에도 북한의 불만은 여전하다. 북한은 중국의 완충지대로서 미국과 일본의 중국봉쇄 최전선에서 기여하는 대가에 비하면 중국의 지원이 턱없이 인색하다고 보는 것이다. 미중 관계의 대립이 심화되면 될수록 중국에 대한

## 5. 관련국의 이해관계

북한의 기대는 높아질 것이다.

특히 중국의 국력 강화에 비례해 미국의 중국봉쇄가 강해지자 한반도에서의 중국의 이해관계는 더욱 깊어졌다. 양국의 대립은 전 세계적 차원에서 진행되기 때문에 양국의 직간접적인 충돌 가능성이 더욱 높아졌다. 중국의 대미 견제 카드로서 북한의 중요성이 더 커진 것이다. 중국의 지속적인 발전을 위해 주변의 안정이 필요하다는 차원에서도 북한 정권의 안정은 필수적인 조건이다. 2011년 12월 김정일 사망 후에도 중국은 즉각 김정은 체제를 인정하며 정국 불안에 대한 우려를 조기에 불식시켰다. 중국으로서는 안정된 친중 정권의 유지가 필수다. 따라서 북한 붕괴나 남한의 흡수통일은 허용할 수 없는 것이다. 가능하다면 북한이 중국식의 개혁·개방 정책으로 나아갈 수 있도록 지원해 경제적으로도 북한을 안정시키는 것이 북한의 핵문제나 벼랑 끝 전술로 인한 중국의 부담을 줄일 수 있다.

중국은 한국과도 우호관계를 심화해 한국은 미국, 일본, 홍콩에 이어 중국의 네 번째 무역상대국이 되었다. 한국의 중국에 대한 경제의존도가 높아지면서 북한의 안정 속에 남북 관계가 개선되어간다면, 이것은 중국으로서는 가장 바람직한 그림이다. 남북 관계의 긴장은 한미 관계의 강화를 가져오면서 한중 관계는 악화시킬 것이기 때문이다.

지난 이명박 정권 당시 금강산 관광객 피살사건과 천안함, 연평도 사건 이후 남북 관계가 악화되면서 5·24조치로 남북 교류협력은 전면적으로 중단되었다. 이에 비례해 중국에 대한 북한의 경제적 의존은 심화되었다. 2011년의 경우 북중 무역이 차지하는 비중이 북한 총무역액의 90%에 달할 뿐만 아니라 그 규모도 전년 대비 50% 이상 급증하고 있다. 비공식적 교역량까지 포함하면 이보다 훨씬 더 높을 것으로 예상된다. 시장화가 점점 확대되면서 북한의 중국 의존도는 더욱 높아지고 있다. 북중 무역에서 중국 위안화에 의한 결제 비중이 높아짐은 물론이고 북한 내의 위안화 유통도 더욱 확대되고 있다. 심지어는 택시비도 중국 위안화로 받을 정도다. 지난 2009년 북한의 화폐개혁 후 북한 통화에 대한 주민의 신뢰가 떨어지고 높은 인플레로 북한 화폐를 기피함에 따라 이러한 현상이 더욱 가속화되는 것이다.

특히 2008년 미국발 금융위기의 발생으로 중국은 국제적 위상이 더욱 높아졌고 풍부한 외환보유로 전 세계에서 경제적 영향력을 확대해갔다. 중국과 인접한 북한은 자원 부국으로서 중국의 기업들도 경제적인 시각에서 북한을 다시 보기 시작했다. 과거와 같은 교역 중심의 거래 차원을 넘어 투자의 대상으로 인식하게 된 것이다. 2009년 핵실험이 있고 나서 중국 고위층의 방북 후에는 정부 차원의 경협으로 강화되고 있다. 2014년 말 개통을 예정으로 건설이 한창인 신압록강대교 건설도 이러한 배경에서 진행되는 것이다. 북한도 남한을 비롯한 외부와의 경제협력이 장기간 단절되는 상황에서는 다른 대안도 없기 때문에 중국의 협력과 투자를 유치하는 데 심혈을 기울이지 않을 수 없다.

그러나 북한의 리더십은 중국에 대한 예속을 두려워할 수밖에 없다. 북한 정권의 생존 여부에 결정적인 영향력을 가진 외부 세력은 중국이 유일하기 때문이다. 따라서 북한은 중국에 대한 과도한 의존은 되도록 줄여야 하는 것이다. 이런 각도에서도 북한으로서는 남한이나 미국 등 서방과 경제협력 파트너를 다변화하는 것이 절실하다.

### 북한과 일본의 이해관계

일본의 북한에 대한 생각은 특별하다. 일본인 납치사건 등으로 일본이 북한을 혐오하는 듯하면서도 북한과의 대화에 관심을 보이는 이유는 바로 일본이 가상의 적으로 상정하는 중국 때문이다. 사실 한반도에 대한 중국과 일본의 헤게모니 다툼은 어제오늘의 이야기가 아니다. 따라서 북한을 중국의 독점적 영향하에 둔다는 것은 일본으로서는 대단히 곤혹스런 일이다. 고이즈미(小泉純一郎) 일본 총리가 2002년 김정일 국방위원장과 함께 평양에서 합의한 '북일평양선언'도 이러한 배경하에 진행된 것이다. 북한이 필요로 하는 식민지 지배에 대한 배상과 국교정상화를 하면서 북한에 대한 투자 등을 통해 일본의 영향력을 구축하자는 것이다. 일본과의 협력은 북한에게 중국에 대한 과도한 의존도를 줄이고 한국에 대해서도 일본을 활용해 견제할 수 있는 이점이 있다.

특히 일본은 최근 센카쿠 열도를 두고 중국과 대립하면서 중국의 위협을 실감하고 있다. 중국의 국력이 강화되면서 중일 간의 충돌 가능성은 더 고조될 수 있다. 이런 상황에서 북한의 핵문제는 미일 관계를 강화하며 일본의 군비를 증강할 수 있는 절호의 기회를 제공해주고 있다. 밀실처리 절차로 인한 반대여론으로 무산되었지만, 미국은 한국도 중국봉쇄에 활용하기 위해 일본과 군사적 유대관계를 강화하게 하는 이른바 '한일군사정보보호협정'을 체결하도록 중재했다. 이와 같이 중국이 강화될

수록 일본의 북한 진출 필요성은 더욱 긴요해지는 것이다.

경제적 차원에서도 북한은 일본에 활용가치가 높다. 일본은 중국이나 동남아 등에 많이 투자해왔다. 만약 북한에도 투자할 수 있다면 북한은 훨씬 매력적인 투자처가 된다. 저임금에 노동력의 수준도 높지만 지리적 인접성이 커다란 장점이다. 또한 일본이 필요로 하는 지하자원도 풍부하다. 지진에 대한 우려로 외국으로 나가고자 하는 기업에겐 북한의 동해안은 최적의 산업기지가 될 수 있다. 나아가 일본은 남한을 견제하는 데 북한을 활용할 수 있을 것이다.

2012년 11월 북한과 일본 간의 회담이 몽고의 울란바토르에서 열렸다. 미국이 북한과 대화를 한다면 기다렸다는 듯이 일본은 북일 관계를 진전시킬 가능성이 높다. 양국 간의 관계정상화를 향한 2002년의 평양선언도 보수세력을 대표하는 자민당의 고이즈미 총리가 주도했다는 점을 감안하면 대중국 강경정책을 추진하는 지금의 아베(安倍晉三) 총리도 이러한 전철을 밟을 가능성이 높아 보인다. 전통적으로 일본의 보수세력이 북한에 대해 더 강경정책을 취하고 있지만 가상의 적인 중국의 영향력을 억제하고자 오히려 북한과는 더 쉽게 관계를 개선할 가능성이 높다는 점을 알아야 할 것이다.

## 북한과 러시아의 이해관계

 러시아는 이미 2001년 전통적인 우호관계에 바탕을 두어 구소련에 속하는 중앙아시아 5개국과 함께 중국이 주도하는 상하이협력기구를 설립해 미국의 대중 및 대소봉쇄에 공동 대응하고 있다. UN 등 북핵 문제를 다루는 국제 무대에서도 대체로 중국과 보조를 맞추며 미국에 공동 대응하고 있다. 그러나 이러한 정치 안보상의 관계와 달리 경제적인 관점에서 보아도 극동은 러시아의 주요한 시장이다. 특히 유럽 시장과 달리 에너지 시장 개척의 여지가 더욱 많은 곳이다.

 강한 러시아 재건을 표방하는 푸틴 대통령은 미국과 마찬가지로 유럽 중심의 대외정책에서 이른바 '신극동전략'으로 아시아로 선회하고 있다. 극동지역에서 급팽창한 중국의 영향력을 완화하면서 동북아시아 경제대국과 경제협력을 다변화하고자 하는 것이다.

 이러한 측면에서 보면 지정학적 위치로 말미암아 북한의 중요성은 더욱 부각될 수밖에 없다. 러시아는 소련 붕괴 후 그동안 북한과의 관계를 과거와 같은 정치 안보상의 관계보다는 비즈니스 관계로 일관해온 것처럼 보인다. 그러나 이제 북한의 협

力이 절실해지는 만큼 북러 관계를 복원하며 협력을 강화해 나갈 것으로 예상된다.

북한도 러시아와의 협력이 매우 필요하다. UN이나 6자회담 등 국제사회에서 북한의 입장을 지지해줄 수 있을 뿐만 아니라 남북러 가스관 연결사업이나 한반도 종단철도(TKR)와 시베리아 횡단철도(TSR) 연결 프로젝트 등은 북한의 경제적 이해관계와도 직결되기 때문이다. 러시아의 입장에서는 이러한 프로젝트의 수행을 위해 한반도의 안정이 매우 중요하다.

북한은 외화 획득을 위해 이웃 중국을 비롯한 여러 나라에 많은 인력을 송출하고 있다. 특히 중국에는 현재 대략 15만 명 정도의 북한 근로자들이 일하고 있는 것으로 추산된다. 러시아에서도 북한 근로자들이 주로 산림 벌목이나 건설 현장에서 일하고 있다. 2012년까지 러시아로 송출할 수 있는 인원의 쿼터는 2만 명이었으나 2013년부터는 3만 명으로 늘어났다. 극동 개발이 필요한 러시아의 입장에서는 카자흐스탄 등의 구소련 국가에서 오는 인력보다 우수한 북한 인력의 활용을 선호하고 있는 것이다.

## 한국의 이해관계

북한의 군사력은 직접 한국을 상대로 하는 만큼 한반도의 안정에 대해 한국은 가장 큰 이해관계 당사자다. 때문에 남과 북이 서로 적대적 관계에서 현상 유지를 위한 군사적 균형을 유지하고 있는 것이다. 북한의 핵무기 보유로 한국의 군사적 행동이 제한될 수 있는 것은 사실이나 남북한의 군사적 균형이 크게 달라질 것도 없다. 핵무기는 보유 자체로써 효력을 발휘하는 것이지 사용으로 효력을 발휘할 수 있는 성격의 무기가 아니기 때문이다. 북한의 핵무기 사용은 자살행위에 지나지 않기 때문에 핵무기 사용을 전제로 하는 정책은 실효성이 없다. 따라서 북한 핵무기에 매몰되어 실현 가능성도 없는 대안을 남발하기보다는 더욱더 큰 틀에서 접근해야 한다.

한국은 지금 군사적 적대관계 속에서도 장차 통일을 이루어야 하는 특수한 상황하에 있다. 군사적으로 북한과 균형을 유지하면서 통일을 위한 준비를 해야 하는 것이다. 나아가 한국 자체의 발전을 위해 북한을 활용해야 한다. 앞서 본 바와 같이 미국과 중국의 대북정책이 북한 붕괴나 정권 교체를 허용하지 않는 것이라면 독자적으로는 더더욱 이를 실현할 수 없다. 그렇다

## 5. 관련국의 이해관계

면 선택은 분명하다. 군사적 균형을 유지하면서 평화적 방법으로 협력하는 것이다. 남북의 협력으로 북한의 체제가 안정된다면 이것은 저주할 것이 아니라 축복으로 여겨야 한다. 북한 스스로 변할 수 있는 여지가 생기는 것이다. 제재나 봉쇄를 통해 붕괴시킬 수 있는 환경이 아니라면 제재를 통한 봉쇄정책보다 교류협력 정책이 북한 체제의 변화에 훨씬 효과적임은 물론이요 유일한 선택이기도 하다.

특히 미국의 대북정책 변화를 잘 주목해야 한다. 앞에서 본 바와 같이 이제 미국은 다른 선택의 여지가 별로 없다. 시간 끌기도 막바지에 달한 것으로 보인다. 이런 상황에서 한국이 먼저 북한과 관계를 개선하면 미국의 향후 북한과의 관계 개선에 좋은 명분이 된다. 미국으로서는 제일 이해관계 당사자인 우방 한국과 정책 보조를 맞추는 것이기 때문이다. 물론 한국은 사전에 미국과의 소통을 통해 입장을 충분히 설명하고 미국의 자존심도 상하지 않게 하는 것이 필요하다. 미국이 북한의 요구에 굴복하는 모습으로 보여서는 안 되기 때문이다.

중국에 대한 북한의 경제적 의존도는 심각한 수준이다. 북한의 입장에서 중국 의존도를 약화할 수 있는 가장 환영할 경협 상대국은 한국이다. 한국은 북한에 대해 통일을 지향하면서 경협을 해야 하는 대상으로 인식하기 때문에 미국이나 중국과는 다를 수밖에 없다. 따라서 북한으로서도 가장 선호하는 상대가 될 수 있다. 한국도 북한의 지정학적 이점까지 가장 완벽하게 활용함으로써 경협으로 인한 잠재적 효과를 가장 극대화할 수 있는 상대다. 북한과의 경협은 북한만 얻는 것이 아니라 중국 대륙까지 얻을 수 있는 교두보를 확보하는 것이다.

남북 관계의 진전은 한국의 외교적 역량도 크게 향상시킬 것이다. 남북 관계가 안정되는 만큼 미중 간의 갈등에 덜 노출될 것이며 외교상 불필요한 에너지를 덜 낭비하게 될 것이다.

그러나 남북 관계가 진전된다고 한미군사동맹 등 현재의 한미 관계 지형을 바꾸려고 해서는 안 된다. 북핵 문제 해결을 비롯해 한반도 평화체제가 확립될 때까지 지금의 한미 관계를 유지할 필요가 있다. 한미 관계의 틀이 견고한 만큼 한국의 대중 정책이나 대북 협력에 대한 운신의 폭이 더 넓어진다. 미국도 중국의 국력이 강화되고 있기 때문에 한반도에서 미국의 역할 축소를 바라지 않을 것이다. 중국이 반대하는 것은 한국이 대중 봉쇄를 위한 미국의 선봉장이 되어서는 안 된다는 것일 뿐 지금과 같은 구도를 반대하는 것은 아니기 때문이다.

중국과의 관계에서 발생하는 경제적 이해관계와 정치 안보

## 5. 관련국의 이해관계

적 이해관계의 갈등을 보완해줄 수 있는 분야는 문화다. 한국과 중국은 동양 유교 인문주의의 공통분모가 많다. 이는 앞으로의 새로운 문명사에도 큰 역할이 기대되는 부분이다. 이러한 문화적 공감대를 바탕으로 문화적 파트너십을 강화함으로써 양국 간의 갈등을 완화할 수 있을 것이다. 사실 문화적 공동체로서의 연대는 정치적 이해관계보다 훨씬 더 지속성과 안정성이 강하다. 단기적 이해관계를 넘어서서 진행할 수 있기 때문에 마찰을 만들어낼 소지도 훨씬 적다.

무엇보다도 중요한 것은 국익을 위한 좀 더 적극적이고 주도적인 노력이 필요하다는 점이다. 이와 관련해 미국과의 이해관계 조율에서 최근 일본 아베 총리의 태도를 참고할 필요가 있다. 2012년 다시 등장한 아베는 장기불황을 벗어나기 위해 엔화 무제한 공급으로 환율을 높이고 엔화 가치를 하락시켜 국제 경쟁력을 회복한다는 등을 내용으로 하는 이른바 아베노믹스를 주장하며 총리에 취임했다. 미국과 EU는 이러한 일본의 조치가 국제적인 환율전쟁을 촉발할 것이라며 강한 우려를 표명했다. 그러나 막상 아베가 자신의 공약을 실천으로 옮기자 미국과 EU의 태도는 달라졌다. 곧이어 열린 G20 재무장관회의에서도 일본의 엔화 약세에 문제를 제기하기보다 오히려 면죄부를 주었다. 아마도 아베는 일본의 불황탈출이 세계경제 또는 미국에 더 유익할 것이라며 미국을 설득했을 것이다. 나아가 일본이 갖게 되는 경제 여력으로 국방비를 더 지출하겠다고 약속했을 가능성도 있다.

이와 같은 일본의 경제정책 성공 가능성 여부를 떠나, 여기서 지적하고 싶은 것은 자국의 이익을 위한 정치지도자의 과감한 정책 선택이다. 특히 한국으로서는 우방 미국과의 이해관계가 충돌할 경우 어려운 선택에 직면하게 된다. 어떻게 우방과의 유대를 손상하지 않으면서 우리의 국익을 극대화할 수 있는가 하는 점이다. 그만큼 외교력이 더 중요해진다.

# 6

# 역할 분담이 필요하다

**역할 분담의 근거**

 한반도를 둘러싼 국제적 이해관계자들 간의 이해관계는 물론 남한 내의 상반되는 이해관계자들도 이슈에 따라 서로 이해관계의 정도가 다를 수밖에 없다. 예를 들면 북한의 핵문제나 인권 문제에 대한 미국과 중국의 이해관계가 다르며 한국의 이해관계가 다르다. 그리고 문제의 성격에 따라 해결할 수 있는 능력도 나라에 따라 다르다. 또한 국내에서도 정부와 시민단체의 이해관계가 다르다. 심지어는 정부 내의 통일부와 국방부의 이해관계도 다르다. 따라서 이슈의 성격에 따라 서로 다른 이해관계자들이 다르게 행동하는 것은 지극히 당연하다.

그렇다면 이해관계의 정도와 능력을 고려해 이슈별로 주도적인 역할을 적절하게 분담하는 것이 서로의 목적 달성에 유익할 것이다. 한국 정부도 다양한 이해관계자의 이해관계를 정확하게 분석해 이를 바탕으로 대북정책을 만들어야 한다. 이와 같이 이해관계에 따라 역할을 분담해야 한다는 접근은 남북 간에 발생하는 다양한 장애요인을 더욱더 안정적이고 효율적으로 해결하는 데 기여함으로써 지속 가능한 일관성 있는 대북정책 실현에 기여할 것이다.


## 남북대화와 교류협력

한국이 해야 할 가장 기본적인 역할은 남북대화를 하고 교류협력을 하는 것이다. 핵문제로 대화가 중단되어서는 안 된다. 남북 간의 경제협력을 위한 대화는 물론 군사적 긴장 완화를 위한 대화를 적극적으로 해야 한다. 이것은 다른 나라가 해줄 수

## 6. 역할 분담이 필요하다

없는 한국만의 특권이자 의무다. 통일을 향한 준비는 물론 한국의 신성장동력으로서 북한을 적극적으로 활용해야 한다. 북한의 안정과 성장은 북핵 문제 해결을 위한 최고의 환경이 될 것이다. 남북 간의 협력은 국제사회가 참여할 수 있는 기반을 조성할 것이다.

북한의 국내정치에 간섭하지 않는 한 남북 간 대화와 협력의 범위에 제한은 없다. 핵문제에 대한 논의는 계속하되 그것에 너무 집착할 필요가 없다. 경우에 따라서 핵문제를 무시하고 나가는 것이 오히려 더 주도권을 장악할 수 있다.

이 글을 쓰는 2013년 3월, 북한은 한미연합훈련인 키 리졸브 훈련을 구실로 대대적인 대남 적대 선전행위와 군사력 시위를 하면서 한국을 위협하고 있다. 특히 박근혜 정부가 출범한 지 한 달도 되지 않은 시기에 이렇게 도발한다면 새 정부가 대화를 시작할 명분이 없지 않을까 하는 우려도 든다.

물론 이러한 시위가 실제적인 도발로 이어질 수도 있다. 북한의 도발은 새로운 것도 아니고 이전에도 있었던 것이다. 북한 체제의 성격상 앞으로도 있을 가능성이 높다. 한국은 군사적인 원칙에 따라 대응하면 된다. 도발에 대한 응징도 중요하나 예방이 최선의 길이기 때문에 북한이 과잉행동을 하는 원인을 잘 파악해 대응해야 한다.

첫째는 국내정치적 필요성에서다. 독재정치의 속성상 군사적 긴장은, 외부 위협에서 국가를 지키기 위해 독재가 불가피하다는 독재의 정당성을 부여하기에 가장 좋은 기회다. 미국과 한국에 의한 침략 위협을 보여주기에 이보다 더 좋은 기회는 없다. 특히 새 지도자의 등장 후 강력한 리더십을 보여주며 주민의 결속력을 강화하기에 더 없이 좋은 기회. 독재 체제의 성격상 국내적으로 긴장을 조성할 필요가 상존하기 때문에 대남 도발은 이를 위한 가장 효과적인 방법이 된다. 따라서 국내정치적 목적을 위한 도발 가능성은 항상 존재한다.

둘째, 군부의 요구를 수용해주기 위해서다. 북한의 군대는 경제사정의 악화로 가장 불만이 많은 집단이기도 하다. 군은 맡은 임무를 잘 수행하고 있는데 경제관료 등은 나라를 망치고 있다며 목소리를 내고 있다. 군은 한미군사훈련이 언제든지 북한 공격으로 돌변할 수 있다며 이에 대한 강력한 대응을 주문하고 있다. 군대의 존재가치는 바로 이러한 기회를 통해 더욱 과시할 수 있기 때문이다. 대규모 군사훈련을 하기 위해서는 북한의 경제 수준으로 보아 엄청난 경비가 소요됨에도 지도자로서는 이를 무시할 수도 없는 입장일 것이다.

6. 역할 분담이 필요하다

 셋째, 대남용이다. 미국이 계속 대화에 불응할 때 북한은 벼랑 끝 전술로 장거리미사일 시험이나 핵실험을 한다. 휴전선을 사이에 둔 남한에 대한 무력시위도 이러한 성격이 강하다. 특히 새 정부에 대한 북한의 강력한 대화 요구로 볼 수도 있다.
 이번의 시위가 과거보다 더 강력한 것은 핵실험에 대한 UN의 제재와 같은 시기에 맞물려 있기 때문이기도 하다. 미국에도 시위를 통해 제재에 반발하며 대화를 촉구하고 있다고 볼 수 있다. 한국의 과잉 대응은 오히려 북한의 심리전에 말려드는 결과가 될 수 있다. 따라서 필요 이상으로 상대의 자존심을 손상해 감정적으로 악화되어 도발로까지 비화하지 않도록 의연하게 대응할 필요가 있다.
 남북이 서로의 체면을 손상하지 않고 대화를 재개할 수 있는 방법은 많이 있다. 이제는 지난 이명박 정부와 같은 5년의 공백기가 반복되어서는 안 된다. 남북 간에는 이러한 긴장이 반복되어 왔고 또 남북대화가 진행되더라도 이런 긴장은 재발할 수 있다. 그럼에도 일희일비(一喜一悲)하지 않는 지속 가능한 대북정책을 세워야 한다. 그렇지 않으면 지금과 같이 가다 오다를 반복할 뿐이다. 열매를 거두는 데는 시간이 필요하다.

## 미국과 중국에 명분을 제공하는 것도 한국의 중요한 역할

한국이 해야 할 가장 중요한 대외적 역할은 바로 미국과 중국이 북한 문제 해결에 적극적으로 나서도록 설득하고, 이들이 행동할 수 있는 명분을 제공하는 것이다. 북한 문제가 한국에는 가장 우선적인 과제이나 강대국인 미국과 중국에는 시급한 과제가 아니다. 때문에 자체의 국내정치 동력으로는 그렇게 많은 에너지를 쏟지 않을 가능성이 높다.

예를 들면 북한에 대한 중국의 영향력 강화는 미국에 도움이 되지 않을 뿐만 아니라 특히 통일을 지향하는 한국으로서도 크게 우려할 사안이다. 한국의 이러한 입장을 미국 설득에 활용할 수 있을 것이다. 중국에는 남북 관계의 긴장이 한중 관계에 도움이 되지 않기 때문에 긴장 완화를 위해 북한을 설득해달라는 요청도 할 수 있을 것이다.

나아가 더욱 적극적으로 한국이 남북 관계 개선 및 핵문제 해결을 위한 로드맵과 역할 분담에 대한 청사진을 만들어 미국과 중국이 이에 상응하는 역할을 해줄 수 있도록 설득할 수도 있을 것이다.

6. 역할 분담이 필요하다

## 미국의 역할

미국은 자신의 국익과 직접 관련이 있거나 강대국으로서 국제질서와 관련이 있는 문제 또는 인류보편적인 문제 등에 주도적인 역할을 담당해야 할 것이다. 핵문제, 평화체제 문제, 동북아 다자안보체제, 국제사회의 제재 문제, 인권 문제 등이 대표적이다. 무엇보다도 핵문제 해결을 위한 미국의 역할은 절대적이다. 북한이 요구하는 체제 보장은 국제사회의 제재를 주도하는 미국만이 갖고 있는 능력이기 때문이다. 한반도 평화체제를 만드는 데 결정적인 역할도 미국이 수행해야 한다. 북미 간의 대화와 협력이 진행된다면 남북대화는 훨씬 탄력을 받을 것이다. 미국이 북한과 적극적으로 대화하며 협상할 수 있는 명분을 한국이 제공해주어야 한다.

물론 미국은 한국의 동맹국가로서 한국의 대북정책에 적극적으로 협력해야 할 것이다. 북한의 핵위협을 비롯한 군사적 위협에 대응해 핵우산을 비롯한 남북한 군사적 균형을 유지할 수 있도록 협력해야 할 것이다. 군사적 안정이 보장될 때 한국의 대북 협상 능력은 더욱 높아질 것이다.

무엇보다도 미국은 중국과 협력해 양국 공통의 이익을 위한 한반도의 안정을 도모해야 할 것이다. 한반도는 지정학적 성격상 주변국 다수와 이해관계를 가지고 있다. 미국은 중국과 함께 6자회담은 물론 동북아안보협력체와 같은 지역 협력체제를 만드는 주도적인 역할을 해야 할 것이다. 미국은 이 지역에서 여전히 냉전 때와 같이 한미동맹 및 한일동맹처럼 양자동맹 중심으로 안보문제를 해결해오고 있다. 한반도의 항구적인 평화는 더욱더 큰 틀에서만 가능할 것이다.

### 중국의 역할

중국은 북한의 안정에 이해관계가 가장 크다. 북한은 단순히 미중 간의 완충지대라는 문제뿐만 아니라 중국의 소수민족 문제와도 직결되어 있다. 따라서 인접한 중국은 북한의 안정을 위해 노력을 다해야 할 것이다. 일인독재라는 국내정치적 특수성으로 다소 속도 조절은 필요하나 중국의 방향을 따라갈 수밖에 없는 북한에게 중국식의 개혁·개방을 유도하기 위한 다양한 지원을 해야 할 것이다.

중국은 이제 미국과 함께 G2에 속하는 세계의 강대국이다.

이에 상응하는 역할을 해야 한다. 북한 문제는 이러한 중국의 입장에 큰 부담을 주고 있다. 따라서 중국은 국제사회와 공조해 책임 있는 역할을 해야 한다. 핵문제와 같이 중국의 국익과 관련된 이슈뿐만 아니라 강대국으로서 인류보편적 이슈인 인권 문제에 관해서도 역할을 해야 할 것이다.

중국은 북한의 후견국가의 역할뿐만 아니라 한국과의 경제적 파트너로서, 한국의 대북정책이 중국의 대북정책에 반하지 않는 한 적극 협조하게 될 것이다. 북핵 문제 등의 해결을 위해 중국이 적극적으로 나설 수 있는 명분을 한국이 제공해주어야 한다. 한국이 북한의 체제를 인정하고 남북협력을 강화한다면 이와 비례해 중국은 북한 문제 해결을 위해 한국과 협력할 수 있는 범위도 넓어질 것이다.

## 한국과 국제사회

북한의 핵실험 등과 같은 도발에 대해 국제사회는 북한을 상대로 제재를 가한다. 또한 북한 인권 문제 등을 이유로 국제사회가 압력을 가하는 경우가 있다. 이러한 국제사회의 압력행사에서 주도적인 역할은 미국을 중심으로 하는 서방국가들이 하게 해야 한다. 이때 한국은 국제사회의 책임 있는 일원으로서 참여는 하되 남북 관계의 지속과 발전을 위해 대북제재에 주도적인 역할을 해서는 안 될 것이다. 인류보편적 가치를 위한 의무는 해야 하지만 북한의 국내정치를 간섭하는 수준이 되어서는 남북 관계의 진전에 도움이 되지 않는다.

6자회담과 같이 북한을 포함해 주요 이해관계국이 당사자로 참여하는 경우에는 직접 이해관계 당사자인 한국이 주도적인 역할을 해야 한다. 특히 미국과 중국을 설득해 북한 문제의 해결에 속도를 내게 해야 한다. 한반도 평화를 위한 지역안보협의체를 만드는 데도 미중이 이해관계 있는 강대국으로서의 역할을 할 수 있도록 설득해야 한다.


### 정부와 시민사회(정치와 경제)

역할 분담은 국가 간에만 이루어지는 것이 아니라 국내에서도 이루어져야 한다. 정부는 정부로서, 시민사회는 시민사회로서의 역할이 있다. 정부는 대북정책을 수립하고 이를 실천해야 하는 책임을 지고 있으며 시민사회는 정부의 정책에 협조해야 함은 물론이다. 그러나 자유민주주의 국가의 정부는 되도록 시민사회의 자율성을 많이 허용하는 방향으로 정책을 수립한다. 대북정책의 경우도 마찬가지여야 한다.

대북정책의 경우 정부가 국가 안보와 직결된다는 명분으로 시민사회의 자율성을 크게 제한하고 있다. 이러한 시각은 단기적 관점에서는 수긍할 수 있으나 통일을 지향하는 장기적 관점에서 보면 현명한 방향이 아니다. 가부장적인 지시 또는 지도 일변도가 아니라 남북 관계에서도 시민사회의 역량을 충분히 활용하는 정책을 수립해야 한다. 시민사회와 정부가 고유의 역할을 적절하게 분담할 때 효율적인 대북정책을 실현하게 될 것이다.

정부는 시민사회가 북한과 자유롭게 교류하며 사업을 할 수 있도록 허용해야 한다. 개인과 NGO가 자체 예산과 책임하에 교류협력 사업을 하는 것을 최대한 허용해야 한다. 인도적 지원 사업은 물론 비즈니스도 개인 자신의 판단과 위험부담에 맡겨야 한다. 정부는 남북당국 간의 정치적 관계가 시민사회의 영역에는 영향을 미치지 않도록 해야 한다. 관광객 피격사건으로 금강산관광사업이 중단되는 것과 같은 우(愚)를 되풀이해서는 안 된다. 말하자면 되도록 '정경분리의 원칙'이 지켜져야 한다는 것이다. NGO 등에 의한 인도적 지원의 경우는 말할 것도 없다. 경협의 경우도 정부는 인프라 등 투자환경 조성에 필요한 부분을 담당하고 기업은 각자 판단에 따라 수익성 있는 사업을 중심으로 진행하면 될 것이다.

시민사회의 자유롭고 개인주도적인 영리·비영리 활동은 다양한 북한 주민과의 폭넓은 접촉을 통해 자연스럽게 그들의 생각과 행동에 영향을 미치게 될 것이다. 이러한 시민사회의 활동은 정부 차원에서는 기대할 수 없는 보이지 않는 효과를 만들어 낼 것이다. 이른바 '접촉을 통한 변화'는 북한 사회의 변화를 추동하는 가장 효과적인 방안이 될 것이다.

또한 시민사회는 정부의 대북정책을 비판할 수 있는 자유가 있다. 대북정책이라고 다른 분야의 정책과 차별할 이유가 없다. 시민사회는 정부의 대북정책을 끊임없이 모니터하고 새로운 대안도 제시하는 고유의 역할을 담당해야 한다. 시민사회의 비판이 정부의 대북정책 실현에 방해가 될 수도 있으나 다른 한편 정부의 대북 협상력을 높이는 명분도 제공한다.

인권 문제가 이러한 영역이다. 북한 인권 문제는 시민사회에서는 자유로이 논할 수 있으나 북한과의 대화 당사자인 정부 당국으로서는 부담이 큰 이슈이기 때문이다. 북한 인권 문제는 남북 간의 대화에서도 공개적으로 제기하는 것보다는 비공개적으로 개선을 요구함으로써 북한의 체면을 살려가면서 하는 것이 더 효과적이다. 체제의 성격상 한국의 공개적인 압력으로 인권을 개선하는 것처럼 보이는 행동은 더욱더 하기 어렵기 때문이다. 인권 개선에 따라 인도적 지원을 통해 보상하는 것도 필요하다. 북한 인권 문제가 중요하지 않아서가 아니라 이보다 훨씬 더 중요한 이익이 걸린 문제가 너무 많기 때문이다.

인권 문제는 체제 전체의 개혁과 직결된 사안으로 북한이 개혁·개방을 확대하면 자연히 인권에 관한 국제사회의 압력에 더 노출될 것이며 인권 개선의 압박을 받을 것이다. 북한 형법의 개정도 국제사회의 압력에 대한 대응이다. 이런 점에서 북한 인권 문제에 대한 최선의 정책은 개혁·개방을 촉진하는 남북 경협의 확대다.

### 통일부와 국방부

같은 정부 산하의 부처라도 개별 부처는 고유의 목적이 있다.

통일부는 평화적인 통일 지향적 정책을 수립하고 이를 실천하는 것을 목적으로 하는 부처인데, 국방부는 적의 위협과 침략으로부터 국가의 안위를 보호하는 것을 목적으로 하는 부처다. 두 부처는 그 존재 목적이 다르다. 물론 동일한 정부 부처로서 정책 조율과 협력이 필수적이지만 그 고유한 목적에 따라 역할 분담을 해 대응해야 한다.

국방부는 북한의 군비 증강이나 군사적 움직임에 항상 민감하게 대응하며 안전에 대한 책임을 다해야 한다. 북한의 도발에도 국방부는 군사수칙에 따라 철저하게 대응해야 한다. 남북 간에 대화가 진행 중이라고 해 지나치게 유화적인 태도를 취할 필요가 없다. 남북대화가 한창인 2002년의 서해교전은 좋은 사례다. 오히려 국방부의 엄중한 태도가 통일부의 대북협상에 유리한 환경을 제공하게 될 가능성이 높다.

이에 반해 통일부는 남북대화를 담당하는 주무 부서로서 대화에 장애가 되는 불필요한 언행은 되도록 자제해야 한다. 안보에 관해서는 국방부가, 국제관계에 관해서는 외교부가 나서는 것이 필요하다.

## 6. 역할 분담이 필요하다

### 진보와 보수

　분단국가인 한국 사회에는 다른 사회에서 볼 수 없는 특수한 현상이 있는데, 바로 진보와 보수 간의 대립이다. 이 대립은 북한에 대한 서로 다른 인식에서 비롯된다. 남남갈등으로까지 불리는 진보와 보수 간의 대립은 분단에서 비롯되는 불가피한 현상이기도 하다. 맹목적인 이념이 합리적인 판단을 어렵게 하는 안타까운 현실이지만 있는 그대로 인정할 수밖에 없다. 이는 남북 관계의 변화에 따라 자연히 변하게 될 것이라 믿는다.

　대북정책에 대해서도 진보는 진보의 목소리를 내고 보수는 보수의 목소리를 내기 마련이다. 서로 가치관이 다르기 때문에 서로 선호하는 정책도 다르다. 보수는 보수답게 북한 체제나 인권 문제 등에 관해 비판적인 보수의 목소리를 내고 진보는 진보답게 인도적 지원을 강조하는 목소리를 내면 된다. 민주주의 사회의 당연한 결과다. 나아가 정부는 이러한 다양한 목소리를 필요에 따라 남북 관계에서 활용할 수도 있을 것이다. 또한 북한 사회와 다른 점을 북한 주민에게 보여줄 수 있는 살아 있는 교재가 될 수도 있다.

## 일관성 있는 지속 가능한 원칙의 수립

이해관계자의 역할을 자신의 이해관계와 능력에 따라 적절히 분담할 때 일관성 있는 정책, 지속 가능한 정책이 가능하다. 이해관계 주체의 정책이나 언행이 일관성을 띨수록 국내적 신뢰는 물론 국제적 신뢰도 높아질 것이며, 이는 한국의 주도적 역량을 강화시킬 것이다. 또한 이러한 일관성 있는 정책의 수행이야말로 실효성 있는 결과를 가져오고 성과를 축적할 수 있게 한다.

나아가 대북협상력은 물론 대미 협상력과 대중 협상력도 크게 향상될 것이다. 북한과는 불필요한 마찰을 줄일 수 있으며 미국과 중국에 한국이 좀 더 주도적인 역할을 할 수 있다. 미국과 중국의 적극적인 역할을 요구하며 북한 문제 해결에 활용할 수 있다.

# 7

# 북한 핵문제의 해법

 북한의 위성 발사 성공에 이어 제3차 핵실험으로 북핵 문제는 새로운 국면에 접어들고 있다. 이러한 북핵 문제를 어떻게 해결해야 하는가? 북핵 문제에 대한 각각의 이해관계는 어떠하며 또 이에 근거해 어떻게 역할을 분담해야 하는가? 핵문제의 중요성에 비추어 이 문제의 본질부터 이해하는 것이 필요하다.

## 북한은 왜 핵무기를 갖고자 하는가?

 북한의 핵개발 목적이 체제 보장을 위한 것이라는 점은 의심의 여지가 없다. 사회주의권의 몰락과 중국의 개혁·개방으로 곤경에 처하고, 특히 과거의 강력했던 북중 동맹 관계도 사문화되어 북한의 위기감은 가중되었다. 장기적인 일인 독재 체제로 고립도 가속화되고 있었다. 반면에 경쟁 상대인 남한은 한미동맹으로 강력한 군사적 안전망이 생겼으며 눈부신 경제 발전 또한 이루었다. 이는 남북한 국력 격차를 더욱 벌어지게 만들었고 북한의 체제 유지에 대한 불안이 심화되었다. 과거와 같은 재래식 무기만으로 군사적 균형을 유지한다면 당분간 체제를 연명할 수 있어도 장기적 시각에서 보면 시간은 북한 편이 아니었다. 이에 북한은 외부의 간섭과 위협으로부터 체제를 확실히 보장하면서 곤경을 벗어나기 위해 자신의 주장을 관철할 수 있는 수단으로 핵개발을 시작했다.

 북한이 핵무기를 보유하려는 것은 한국이나 미국에 의한 군사적 도발로부터 생존하기 위한 것이라는 주장은 사실상 핑계에 지나지 않는다. 북한이 설사 핵무기를 보유하지 않더라도, 재래식 무기로 중무장한 북한에 대해 미국이나 한국이 대규모 군사 공격을 할 가능성은 거의 없기 때문이다. 핵무기가 없어도 이미 북한의 재래식 군사력 수준이 막강하기 때문에 대규모 충돌로 발생할 피해를 한국은 감당할 능력이 없다. 미국의 군사력이 아무리 막강하더라도 한국이 인질로 잡혀 있는 상황에서 군사력을 사용할 수 없다.

지금과 같은 북미 적대관계가 계속되는 한 북한은 고립과 경제난을 벗어날 수가 없다. 미국은 군사적 행동이 아니라도 경제제재 등으로 북한에 막대한 압력을 가할 수 있는 강대국이다. 미국이 주도하는 경제제재를 비롯한 각종의 제재로부터 벗어나지 않는 한 북한은 체제 안전은 물론이고 경제 발전을 이룰 수 없는 것이다. 북한이 미국의 대북한 '적대시 정책'을 폐기하라고 요구하는 것도 이러한 제재를 해제해 국제사회에서 무역 등 경제활동을 하는 데 제한을 가하지 말라는 것이다. UN은 물론 국제금융기구를 비롯한 대부분의 국제기구를 장악하고 있는 미국은 금융은 물론 기술이전 금지 등 비군사적 행동으로도 북한에 결정적인 영향을 미치고 있다.

미국이 주도하는 제재는 지속되고 경제난은 심화되는 상황에서 체제 안보는 물론, 미국의 대북 정책을 변경하기 위해 북한은 미국과 협상할 수 있는 협상카드가 필요하다. 게다가 핵은 만에 하나라도 있을지 모를 상대의 군사적 공격까지 무력화할 수 있는 가장 효과적인 억제책이 된다는 것은 두말할 필요도 없다.

## 북한은 핵개발을 위한 필요충분조건을 갖추고 있다

전통적인 핵보유국이 아닌 나라가 엄청난 경비가 소요되는 핵을 보유하고자 하는 데는 그 나름대로 이유와 배경이 있다. 그동안의 경험에 비추어 보면 대체적으로 다음과 같은 세 가지 조건하에 있는 경우 핵을 개발하려는 강한 유혹을 받는다.

첫째, 정부가 독재 체제다. 이때 정부는 대내외적으로 많은 저항에 부딪히기 마련이다. 특히 대외적인 압력에서 독재 체제를 유지·지속하기 위한 효과적인 수단으로 핵개발을 하고자 한다(리비아, 남아공, 시리아 등).

둘째, 적대 국가와 대립하고 있는 경우다. 특히 적대 국가와 인접한 경우에는 생존에 대한 위기감이 그만큼 더 커지기 때문에 핵보유 유혹이 더 강해진다(이스라엘, 시리아, 이란, 이라크, 인도와 파키스탄, 브라질과 아르헨티나 등).

####  7. 북한 핵문제의 해법

 셋째, 국내에 원료가 되는 핵물질이 존재하는 경우다. 핵물질의 국제적인 유통은 매우 강하게 통제되기 때문에 외국에서 원료가 되는 핵물질을 구입하기가 쉽지 않다. 그러나 자국에서 원료를 생산하면 그만큼 더 개발이 용이해진다(남아공 등).

 북한은 앞의 세 가지 조건을 너무 완벽하게 충족하고 있다. 첫째 조건을 보자. 북한의 독재는 일시적인 현상이 아니라 3대에 걸친 세습적인 체제로, 그 체제의 보존에 걸린 이해관계가 너무나 크다. 체제의 보존은 국가의 최우선 순위로 어떠한 이익도 이보다 선행할 수 없다. 체제 보존을 위해서는 어떠한 비용과 희생도 치룰 수가 있는 것이다. 한국은 경제난에 처한 북한이 그토록 많은 경비를 소요하는 핵개발을 하는 것이 어리석다고 비난하지만 북한 체제의 담당자들 입장에서 보면 충분히 감수할 수 있는 수준이다.

 둘째 조건도 이보다 더 적합한 사례가 없다. 남과 북은 이미 전쟁까지 치르고 또 전쟁이 종료되지도 않은 휴전 상태다. 적대국으로부터 자국의 생존을 보호하기 위해서 내부적으로 어떠한 무기를 개발한다고 해도 정당성이 있다. 특히 남한과 군사동맹을 맺은 미국의 군사력은 가공할 수준으로, 핵을 개발하면 이에 대한 확실한 억제책을 제공해줄 수 있다.

셋째 조건도 완벽히 충족하고 있다. 잘 알려진 바와 같이 북한에는 엄청난 양의 우라늄이 매장되어 있다. 당연히 외국에서 구입할 필요도 없으니 국제사회의 간섭으로부터도 그만큼 자유로운 셈이다. 또 가공기술이 향상되면 수출도 할 수 있다.

따라서 이와 같은 환경에 있는 북한으로서는 핵무기 개발이 가장 합리적인 선택이 되는 것이다. 달리 말하자면 북한이 핵무기를 필요로 하지 않는 조건은 독재 체제가 소멸하는 경우, 이웃과의 적대관계가 소멸하는 경우인 것이다. 그렇지 않은 한 지금의 핵무기 개발정책은 지속될 것이다.

## 북미 관계의 정상화가 비핵화의 해답이다

북한이 핵을 개발하자 예상대로 미국은 북한과 협상을 위한 대화를 시작했으며 마침내 1994년에는 북미 간에 이른바 '제네바 합의'에 도달했다. 제네바 합의에서 경수로 제공을 대가로 북한은 핵개발을 동결하기로 했으나, 경수로 건설이 순조롭게 이행되지 않자 2003년 1월 핵동결 조처 해제를 선언하며 다시금 위기를 조성했다. 그러나 2003년부터 진행된 6자회담으로

## 7. 북한 핵문제의 해법

2005년 핵 포기 등을 내용으로 하는 '9·19공동성명'을 내며 해결의 돌파구를 찾았다.

하지만 검증 체제에 관한 문제로 또다시 교착상태에 빠지자 북한은 2006년 제1차 핵실험을 했다. 그러자 다시 2007년 북미 고위급회담이 이루어지고 금융제재 해제, 테러지원국 지정 해제 등 북한의 일부 요구가 수용되었다. 2008년 북한이 '핵불능화 중단 성명'을 발표한 후 더는 진전이 이루어지지 않는 가운데 북한의 핵개발은 지속되고 있다. 보란 듯이 2009년의 제2차 핵실험을 거쳐 금년 2013년 2월에는 마침내 제3차 핵실험까지 성공하면서 북한은 이제 사실상 핵보유 국가가 되었다.

핵실험과 같은 핵개발의 진전은 외형상의 제재가 강화되어도 오히려 미국과 직접 협상할 기회를 제공하는 가장 효과적인 방안임을 그동안의 핵협상 경과가 입증해주고 있다. 핵개발로 인해 북한이 미국을 비롯한 국제사회에서 받는 제재는 핵개발이 주는 이익과는 비교할 수가 없을 정도다. 따라서 망하지 않으려면 핵개발을 포기하라는 요구는 공허한 주장에 그칠 뿐이다. 북한 경제는 폐쇄경제 체제이기 때문에 경제제재로 인해 받는 피해는 여타 개방경제 국가가 입을 피해와 비교할 때 그 강도가 전혀 다르다. 어떠한 추가적인 제재가 부과된다고 해도 체제 위협을 받는 한 핵개발은 포기하지 않을 것이다. 특히 인접한 경제대국 중국이 지원하는 한 지속해서 생존할 수 있기 때문에 제재는 미국이나 한국이 의도하는 효과를 발휘할 수가 없는 것이다.

북한의 핵개발을 둘러싼 일련의 과정을 통해, 핵개발은 북한이 의도하는 궁극적인 목적을 달성하는 데 절대 중지할 수 없는 사안이라는 점을 북한은 확신하게 되었다. 특히 핵 부재의 이라크 후세인 정권과 핵개발 포기 이후 무너진 리비아의 카다피 정권에서 얻은 교훈은 북한의 입장을 더욱 강화시켜주었다.


**미국 이해관계의 양면성**

당장 군사적인 적대관계에 있는 한국으로서는 북한의 핵무기 보유로 그동안 추구해오던 군사력 균형 문제가 사실상 큰 의미를 상실할 수도 있다. 그래서 한국은 국제사회와 공조해 북한의 비핵화를 위한 노력을 계속해오고 있다. 그러나 북한의 비핵화에 대한 국제사회의 공통된 목소리에도 그 속내를 보면 많은 차이가 있다.

## 7. 북한 핵문제의 해법

 세계적 헤게모니를 행사하는 미국의 입장에서 보면 북한의 핵개발은 미국을 비롯한 핵보유 강대국 중심의 지배질서를 저해하는 요소임에는 틀림이 없다. 그러나 기존의 핵체제에 반해 핵개발을 하더라도 경제제재 외에는 이를 제어할 수 있는 효과적인 수단이 별로 없다. 핵개발 국가가 스스로 포기하지 않는 한 핵보유를 사실상 인정할 수밖에 없는 것이다.

 미국도 북한 핵문제에 대한 레드라인(red line)을 북한의 핵개발 진도에 맞추어 자꾸 후퇴시키고 있다. 북한의 제3차 핵실험 후에는 '비핵화'가 아닌 '비확산'으로 후퇴하는 것으로 보인다. 아니, 그렇게 할 것이다. 왜냐하면 다른 방안이 없기 때문이다. 미국의 레드라인은 사실상 의미가 없다. 북한의 핵개발을 저지하려는 미국의 이해관계와 핵을 보유하려는 북한의 이해관계는 비교할 수 있는 차원의 것이 아니기 때문이다. 미국의 이해관계와 달리 북한은 체제의 생존이 걸린 문제다.

 아무리 북한이 미국을 상대로 위협하고 있어도 태평양을 사이에 두고 멀리 떨어져 있는 미국으로서는 사실상 북한의 핵보유로 미국의 안보가 위협을 받고 있다고 보기 어렵다. 북한이 강대국 미국을 상대로 핵무기를 사용할 가능성은 전혀 없기 때문이다. 이미 국제사회에 북한 외에도 핵을 개발한 여러 나라가 있고 이에 대한 미국의 대응도 잘 알려진 바다. 미국의 중요한 현안이 되고 있는 이란의 핵문제와 비교하면 북한 핵문제는 그렇게 큰 문제가 아니다. 석유에너지 자원과 직결되어 있고 또한 미국 사회를 움직이는 유대인 국가 이스라엘의 운명과도 관련이 있는 중동과 북한은 비교 상대가 되지 않는다고 볼 수 있다.

다른 한편으로 보면 미국은 북한의 핵개발과 같은 적당한 수준의 도발이 필요하기도 하다. 북한을 통해 동북아의 불안이 가시화되는 만큼 이 지역에서 미국의 존재 가치는 더 높아지기 때문이다. 특히 한국과 일본과의 공조를 강화함으로써 대중봉쇄 정책을 더욱 효과적으로 수행할 수 있게 된다. 군비 증강과 무기 수출은 물론 교착 상태에 있는 MD체제의 구축도 용이해진다. 북한의 제3차 핵실험 후 대북 미사일 방어체제를 강화하기 위해 미국이 요격미사일 14기를 서부에 추가 배치한다고 발표한 것도 결국은 중국이 더 고려된 것이라고 보아야 할 것이다.

## 일본 이해관계의 양면성

이웃한 일본은 북한의 핵보유로 안보상 불안해질 수밖에 없다. 만일의 경우에도 북한에 대한 군사적 공격은 크게 제한받을 수밖에 없다. 그러나 북한의 핵보유로 단기적으로 가장 큰 수혜자는 일본일 가능성이 크다. 일본의 궁극적인 적대 대상은 북한이 아니라 중국이다. 동북아의 주도권 경쟁에서 점차 수세에 몰리는 일본의 현실은 이미 센카쿠 열도에 대한 양국의 영유권 다툼에서도 잘 나타난다. 사실상 '준핵보유국'인 일본은 북한 핵보유를 핑계로 핵보유를 포함한 군비증강에 박차를 가할 수 있다. 또한 이는 미일 관계 강화를 통해 대중국 억제정책을 강화할 수 있다. 헌법 개정을 비롯해 일본의 군사력 강화에 반대하는 국내 여론을 잠재우기에도 가장 좋은 명분을 북한이 제공해 준다.

### 중국 이해관계의 양면성

중국은 미국과 함께 세계 핵질서를 주도하고 있기 때문에 북한의 비핵화가 중국의 국익에 유리한 것임은 틀림없다. 북한 핵문제는 이를 핑계로 미국이 동북아를 비롯한 아시아에 대한 간섭을 강화하고 또한 미국과 일본이 동맹 관계를 강화할 수 있게 한다. 나아가 잠재적 핵보유 국가인 일본의 핵무장 시기를 앞당기는 데 기여하게 된다. 타이완과 미국의 우호관계도 강화될 가능성이 있다. 그러나 다른 한편으로는 북한이 핵개발과 같은 심각한 도발행위를 하면 할수록 중국의 역할에 대한 인식은 더 높아진다. 북핵 문제를 해결할 수 있는 능력이 있는 국가는 중국임이 더욱 부각되는 것이다.

중국의 국익은 비핵화에 있지만 중국은 북한을 버릴 수 없다. 북한 핵보유가 초래하는 불이익은 한반도에서 안정된 북한의 존재가 주는 이익에 비하면 충분히 감수할 수 있는 수준이기 때문이다. 적어도 중국이 미국과의 군사적 균형에서 열세에 있는 한, 미국을 한국에 묶어둘 수 있는 전략적 완충지대인 북한을 포기할 수는 없는 것이다. 북한에 대한 지나친 제재로 북한에 혼란이 발생한다면, 이것은 중국이 가장 두려워하는 상황이다. 그렇기 때문에 중국은 일정 수준에서는 국제사회와 공조해 북한을 비난하거나 제재에 동참할 수 있으나 북한의 안보에 위협을 주는 수준의 대응은 할 수가 없는 것이다. 중국이 북한 핵문제를 북한 문제와 분리해 대응하는 것도 이러한 이유에서다.

7. 북한 핵문제의 해법

## 대북제재의 실효성도 없다

북한은 이미 냉전체제 때부터 오랫동안 미국의 제재를 받았다. 공산국가에 대한 제재와 한국전쟁으로 인한 적성국에 대한 제재, 테러지원국에 대한 제재 등 광범위한 제재를 받아왔다. 이러한 기존의 제재 외에 핵개발과 관련한 UN 주도의 제재가 세 차례 있었다. 2006년 제1차 핵실험 후의 UN 제재(UN 안보리 결의 1718호), 2009년 제2차 핵실험 후의 UN 제재(UN 안보리 결의 1874호), 작년 2012년 대륙간 탄도미사일 시험 후의 2013년 UN 제재(UN 안보리 결의 2087호)가 그것이다. 이번 2013년 2월의 제3차 핵실험으로 새로운 제재가 추가되었다(UN 안보리 결의 2094호). 제재 대상과 품목을 확대해 실효성을 더욱 높이기 위한 강력한 조치를 포함하고 있다고 한다. 그러나 표현상 아무리 '강력한' 제재라 하더라도 UN의 조치는 북한에는 더 큰 것을 위해 참을 만한 것일 뿐이다.

그동안 3차에 걸친 제재조치에도 북한은 핵개발을 계속했고, 또 최근의 통계를 보면 무역 규모도 크게 증가해 경제성장률도 개선되고 있는 것으로 보인다. 제재가 효과를 보지 못하고 있다는 증거다. 폐쇄경제 체제인 북한은 원유 수출로 지탱되는 개방

형 경제인 이란과 다르다.

적어도 북한이 인접국 중국에 생명선을 연결하고 있는 한 제재에 굴복할 가능성은 없다. 사실상 이미 UN의 제재 설정 단계에서부터 중국의 북한 감싸기는 시작되었다. 이번 제3차 핵실험 이후에도 중국은 UN 안보리의 대북 추가 제재가 한반도의 안정과 평화를 해쳐서는 안 되며 정세를 악화시켜서도 안 된다는 기존의 입장을 재확인했다. 한국과 미국이 원하는 '강력한 제재' 대신에 '적절한 제재'를 주장했다. 안보리 거부권을 가진 중국의 입장은 앞서 분석한 중국의 북한에 대한 전략적 가치에 대한 인식에서 볼 때 당연한 결과다.

이제 제재가 북한의 핵실험 의욕을 차단할 수 있는 효과적인 방안이 아님을 정면으로 인정해야 한다. 제재로 대응했다는 위로는 될 수 있으나 문제의 해결책은 전혀 아니라는 점을 인정할 때 진정한 해결책에 다가갈 수 있다. 여기서 다시 한 번 중국이 수용하지 않는 해결책은 미봉책에 지나지 않는다는 점을 인식해야 한다. 중국의 인식은 북핵 문제의 근본 원인이 미국의 대북 안보 위협에 있다고 하는 북한의 인식과 동일하다. 북한의 체제 생존을 보장하지 않는 한 북핵 문제의 해결은 없다고 보는 것이다.

7. 북한 핵문제의 해법

## 북한은 언제 핵무기를 포기할 수 있는가?

앞에서 본 바와 같이 북한의 핵개발은 미국을 상대로 자신의 의지를 관철하려는 것이기 때문에 북핵 문제의 해결은 북미 간의 대화에 의한 평화적 해결 외에는 다른 방법이 없다. 북한이 사실상 핵무기를 보유한 이상 군사적 해결 방안은 이제 사용할 수 있는 옵션이 아니다. 미국이나 한국이 아무리 북한의 핵개발을 비난한다고 해도 북한이 진전을 멈추는 것은 아니다. 이는 오히려 한국의 잘못된 현실인식에서 비롯된 지금까지의 대북정책 실패에 대한 책임을 면하고자 하는 것일 뿐이다. 지금부터라도 북미 간의 직접 대화를 방해하지 않고 이를 적극적으로 조성해주어야 한다. 북한의 지상 과제인 체제에 대한 불안을 해결해주지 않고는 다른 대안이 없기 때문이다.

북한은 체제 보장을 위해 미국에게 평화협정 체결을 요구하고 있다. 미국의 불가침은 물론 경제제재 해제, 경제 지원 등을 요구하고 있다. 그러나 유념해야 할 것은 북미 간 평화협정 체결이 곧 북한의 핵폐기를 의미하지 않는다는 점이다. 북한의 입장에서 보면 평화협정 문서에 서명했다고 하여 바로 북한의 체제 안보상의 불안이 제거되었다고는 볼 수 없기 때문이다. 국제

법상 합의문서 자체가 바로 이행을 보장하지 않음은 물론이거니와 특히 체제의 생존 자체가 걸려 있는 중차대한 문제임에야 더 말할 나위가 없다. 평화협정 체결 자체만도 상당한 기간이 소요될 것이나 평화협정 체결 후 이를 이행해 핵폐기에 이르기까지는 더 오랜 기간이 걸릴 수도 있다는 점을 분명히 인식해야 한다. 북한은 평화협정 체결 후 진행될 일련의 이행 과정을 통해 체제 유지에 대한 자신감을 갖기 전에는 핵을 절대로 포기하지 않을 것이기 때문이다.

### 한국과 미국 간에 역할 분담이 필요하다

북한이 어떠한 의도로 핵개발을 하든지 북한의 핵문제로 가장 큰 타격을 받는 직접적인 피해국은 바로 한국이다. 한국은 북한 핵무기의 인질이 되어 군사력 사용에 결정적인 제한을 받을 수밖에 없다.

북한의 핵무기를 비롯한 군사력에 대항해 한국이 대북 억제력을 향상하는 것은 당연하다. 한국이 북한보다 월등한 경제력을 바탕으로 군비를 강화할 수도 있다. 그러나 한국의 군사력이

## 7. 북한 핵문제의 해법

북한보다 강해지면 목적을 달성한 것인가? 만약 한국이 북한을 무력으로 통일을 할 것이 아니라면 — 사실 북한이 핵무기를 보유한 지금은 무력 통일이란 전혀 무의미한 말이다 — 군사력은 방어에 충분한 수준이면 된다. 북한의 붕괴는 중국이 허용하지 않으면 불가능하다는 것도 이미 여러 차례 설명한 바와 같다.

북한의 제3차 핵실험이 있자 한국도 전술핵 재배치를 주장하거나 독자적 핵무장을 주장하기도 했다. 또 이제 북한 체제 붕괴 외에는 대안이 없다며 이를 위해 북한에 전단 살포, 휴전선에서의 확성기 방송 등으로 심리전을 재개해야 한다는 주장도 있었다.

한국의 핵무장은 북한의 핵개발 가속화를 더욱 정당화하며 한반도의 긴장을 고조해 핵문제 해결을 더욱 어렵게 하고 분단 고착화를 심화시킬 것이다. 한국은 이미 미국의 핵우산 정책을 통해 핵공격 방어를 담보받고 있다. 사실 지금과 같은 한미 관계에서 북한이 핵무기를 사용한다는 것은 자멸 행위이기 때문에 북한의 핵무기는 체제 방어의 역할을 벗어나지 못한다. 미국이 추진하는 MD체제 구축에 참여하는 것도 바람직하지 않다. 미국은 북한의 핵무기 개발을 핑계로 한국의 MD체제 참여를 요구할 것이나, 북한과의 거리상 비용 대비 실효성도 의문시될

뿐만 아니라 중국과의 관계에서도 바람직한 선택이 아니다. 중국은 미국 주도의 MD체제가 북핵을 핑계 삼아 중국을 타깃으로 하고 있다고 본다. 북한 문제에 대한 결정권을 가진 중국의 이익에 반하는 행위는 통일 여건 조성에도 도움이 되지 못한다.

그렇다면 이제는 북핵 문제의 본질을 정면으로 인정하고 냉정히 분석해 실현할 수 있는 대북정책으로 전환해야 한다. 북핵 문제의 본질을 인정한다면 비핵화 협상은 한국과 할 수 없는 사안이다. 한국이 북한의 비핵화에 대한 대가, 즉 북한의 체제 보장을 해결해줄 수 있는 위치에 있지 않기 때문이다. 따라서 남북 간의 협상에 실현 가능성도 없는 비핵화라는 문구 하나를 넣는 것은 그만큼 더 협상의 반대급부만 키울 뿐이다. 과거 제1차 북핵 위기 후 1994년 제네바 합의 시에도 한국은 북한은 물론 미국으로부터도 배제되었다. 한국이 집요하게 이해관계 당사국임을 주장한 결과, 합의서에 "북한은 남북대화에 착수한다"는 극히 상징적이고 선언적인 문구 한 줄이 들어가게 되었다. 아마도 이 문구는 신포 경수로 공사에 대한 한국의 부담액을 70%로 높이는 데 크게 기여했을 것으로 추측된다.

## 7. 북한 핵문제의 해법

# 미국과 중국에 한국이 명분을 줄 수 있다

 이제 한국이 할 일은 분명해진다. 제1차적 이해관계 당사자인 한국이 대외적으로는 미국과 중국이 북핵 문제 해결을 위해 더욱 적극적으로 나서도록 재촉해야 한다. 북한 체제를 보장할 수 있는 미국과 중국이 핵문제 해결에 적극적으로 나설 명분을 줄 수 있는 나라는 바로 위협의 직접 이해관계 당사국인 한국뿐이다. 한국이 직접 북한을 상대로 핵문제를 협상할 것이 아니라 핵문제 해결의 의도와 능력이 있는 미국과 중국을 활용해야 한다. 다시 말하면 한국이 핵문제를 해결할 수 없지만 해결의 동력은 만들어낼 수 있다. 세계경영의 관점에서 북한 문제를 보는 미국과 중국의 입장에서 볼 때 북한 핵문제는 그렇게 시급한 과제가 아니기 때문에 한국이 나서서 설득하고 재촉해야 한다.

 미국은 국내정치나 경제문제, 중동문제, 미중 관계 등으로 북한 핵문제의 우선순위가 그렇게 높지 않다. 다른 한편으로는 북핵 문제가 미국의 대아시아 전략에 도움을 주는 측면도 있다. 북핵에 대응하는 차원에서 한미일 공조를 강화하며 미국의 중국 견제에도 이용할 수 있다. MD체제를 강화하고 무기 수출도 늘릴 수 있다. 미국은 북핵 문제에 우선순위를 두면서 매달릴

긴박한 이유가 없다. 핵실험 등 사건이 있을 때 국제사회를 주도하며 미국의 영향력을 과시하면 된다. 다른 한편 미국이 북한과 대화를 한다는 것이 북한의 핵실험 등에 대한 협박에 굴복하는 것으로 보인다면 이는 세계 최강대국인 미국의 외교 원칙에도 반하는 것이다. 따라서 당사국인 한국이 적극적으로 나서지 않거나 만류하는데 미국이 나설 이유가 없는 것이다.

중국의 입장도 크게 다르지 않다. 중국이 갖는 비핵화 이익이 크지만 전략적 완충지대인 북한의 안정에 비하면 감수할 수 있는 사안이다. 북한의 핵실험에 반대하며 제재에 동참하지만 북한의 안정을 해칠 수는 없다. 중국과 국경을 맞댄 북한의 불안정은 중국의 핵심이익인 지속 가능한 발전에 저해되기 때문이다. 주지하다시피 중국은 북한에 대해 강력한 영향력을 행사할 수 있는 모든 능력을 갖추고 있다. 그러나 중국의 이익과 한국의 이익이 일치하지 않는다면 중국이 나설 이유가 없다. 미국과 마찬가지로 핵실험 등의 사건이 있을 때 미국과 대등한 강대국으로서 국제사회를 주도하면서 중국의 영향력을 과시하는 기회로 활용하면 되는 것이다.

결국 한국이 미국과 중국이 핵문제 해결에 적극 나설 수 있는 명분을 주어야 한다. 미국이 북한과 핵문제 해결을 위한 대화를 시작해 일단 핵문제 동결부터 이뤄지기를 요구해야 한다. 미국 내 강경파도 한국의 이러한 요구를 묵살하기는 어려울 것이다. 중국에 대해서도 한국이 북한 정권의 안정을 바라고 평화적 해결을 원한다는 점을 분명히 하면서 북한에 영향력을 행사해주길 요구해야 할 것이다. 그러면 중국은 말로만 북한에 경고하는 것이 아니라 특사를 파견하는 등 좀 더 적극적으로 행동할 것이다.

중국을 통해 체제의 생존을 보장받는 북한으로서는 중국의 정책에 민감하게 반응하지 않을 수 없다. 북한의 핵실험 여부도 중국이 어느 정도 개입하느냐에 따라 달라지는 것이다. 중국이 진정 북한의 핵실험을 막고자 한다면 여러 가지 방안을 동원할 수 있다. 북한이 핵실험을 중단할 수 있는 명분을 줄 수 있는 방안이 다양한 것이다. 따라서 중국의 역할을 극대화할 수 있는 명분을 만드는 것도 한국의 역할이다.

**북핵 문제와 남북문제의 연결고리를 끊어야 한국이 주도할 수 있다**

북한 핵문제가 북한 문제의 전부인 양 남북 관계가 여기에 매몰되어서는 안 된다. 북핵 문제와 남북문제의 연결고리를 과감히 끊어야 한다. 이제 북핵 문제는 북미가 주도적으로 해결하도록 해야 한다. 핵문제 해결을 위해 한국이 직접 북한과 할 수 있는 일이 별로 없다. 북핵 문제 해결의 주도권을 미국에 맡기고 한국은 멀리서 방관하자는 것이 결코 아니다. 북한과의 주도적인 협상 당사자는 미국이나, 미국이 협상에 나설 명분을 줄 수 있는 나라는 한국이다. 결국 미국을 통해 주도권을 행사하는 것이다. 한국이 직접 당사자로 참여하지 않는다고 해 북미 간 해결을 방해할 것이 아니라 더욱 적극적으로 공조하면서 한국의 뜻을 관철해야 한다.

북핵 문제 해결에 미국이 적극적으로 나서기 위해서는 미국도 한국의 도움이 절실하다. 주요 이해관계 당사자인 우방국 한국을 위해 미국이 협상에 나서야 한다고 설득한다면 미국은 명분 있게 협상에 임할 수 있게 된다. 한국의 요구 조건은 한미 간의 긴밀한 협조에 의해 관철하도록 해야 한다.

사실 그동안의 예를 보면 미국은 북한과의 협상을 한국의 이익을 고려해서라기보다는 자국의 이익을 고려해 주도적으로 해왔다. 제네바 협상이 그 대표적인 예다. 지금 미국이 북한과 대화를 하지 않는다고 해서 이것이 한국의 요구에 따른 것이라고 생각하면 큰 오해다. 한국의 요구가 자신들의 현재 무시 전략과도 일치하기 때문일 뿐이다. 미국은 필요하다고 생각되면 언제든지 협상을 재개할 것이다. 미국은 미국 나름의 진도대로 나갈 것이다. 아마 머지않아 한국의 뜻과 상관없이 북한과 협상하는 미국을 보게 될 것이다.

앞서 본 바와 같이 미국은 한국과 달리 북핵이 당장 협상을 하지 않으면 안 될 정도로 매달려야 하는 우선순위에 있는 것도 아니다. 북한이 핵무기를 가진들 미국은 물론 한국이나 일본에도 사용할 수 없을 것이라고 보기 때문이다. 그동안 미국이 북핵 문제 해결에 적극적이지 않았던 것도 북핵 문제에 대한 미국의 이러한 인식 때문이다. 미국은 북핵 문제를 세계경영의 큰 틀에서 보면서, 북한의 페이스에 조급하게 말려들지 않으려 하는 것이다.

북한은 미국과 입장이 다르다. 북핵은 곧 북한의 생존과 직결되는 중차대한 문제임에도, 그동안 미국이 시급한 문제로 다루지 않고 또한 진정성 있게 문제를 해결하려는 행동을 보여주지 못했다고 북한은 판단한 것이다. 북한이 핵실험을 하는 이유 중의 하나도 미국이 무시하는 북핵의 우선순위를 높여 하루속히 협상해 돌파구를 찾고자 하는 것이다.

북미 간의 대화와 협상이 늦으면 늦을수록 북핵 문제는 더 악화된다. 강력한 제재 중이라고 자위하면서 북한의 붕괴를 기다리는 동안 북한 핵개발은 또 저만큼 나가 있을 것이다. 협상을 통해 일단 손쉬운 동결부터 하고 그다음 단계로 나아가야 한다. 제재를 하더라도 협상을 병행해야 한다.

한국이 북미 관계와 직결된 북핵 문제의 덫에 빠져 있는 한 북한 문제 해결은 없다. 과감하게 이 덫을 빠져 나오면 남북 관계는 한국이 주도할 수 있다. 핵문제의 중요성을 과소평가하거나 무시하자는 것이 아니라 문제의 본질을 파악하고 정면 대응하자는 것이다. 핵문제 해결에 대한 대외적 주도권은 미국에 맡기고 한국은 남북 관계 진전과 같이 할 수 있는 일에 역량을 집중해야 한다. 그러면 이룰 수 있는 일이 매우 많아진다. 그야말로 명실상부하게 남북의 교류협력을 확대해 평화통일의 기반을 구축할 수 있는 것이다. 그만큼 북한의 남한 의존도가 높아진다는 말이다. 남한 의존도가 높아지는 만큼 북한의 경제 수준은 향상될 것이고, 동시에 도발의 가능성은 줄어들 것이다.

또한 북한으로서도 남한과의 협력이 절실하다. 중국에 대한 경제적 의존이 과도하면 장차 북한 지도층의 최대 위협요인이 될 것이기 때문에 남한과의 협력을 통해 이를 견제해야 한다.

## 7. 북한 핵문제의 해법

## 평화체제 논의라는 큰 틀에서 접근해야 한다

　북핵 문제를 포함한 당면한 북한 문제의 해결은 한반도와 동북아 지역의 평화와 안보 협력이라는 차원에서 접근해야 한다. 경제적 보상을 통한 접근과 유인으로는 한계가 있다. 북한 문제는 경제적 혜택이 아닌 안보의 차원에서 평화체제라는 큰 틀에서 논의되어야 한다. 즉 북한의 안보 우려를 해소하고 체제 보장에 대한 확신이 없는 한 북한 문제의 해결은 불가능하며 한반도와 동북아 지역의 평화와 안정도 요원하다.

　북한은 자신들의 안보 우려를 해소하기 위해 미국에 대해 수교와 평화협정 체결을 요구하고 있다. 그러나 지난 이명박 정부가 주장해온 '선 비핵화 후 평화체제'는 북한이 수용할 수 없는 조건이며, 이로 인해 북한은 한국을 미국과 북한과의 대화를 가로막는 방해물로 인식해 평화체제 논의에서조차 한국을 배제하고 미국과 협상하고자 하고 있다. 그러나 평화협정의 당사국 문제에서 남북은 직접적인 이해관계국이고 미국과 중국은 당시 정전협정의 당사국으로 참여한 만큼 4자 모두 평화협정의 당사국으로 참여해 서명해야 실효성 있는 평화협정이 될 것이다.

북한 문제의 해결을 위해서는 과거와 같은 경제협력·통합을 위주로 하기보다 역내 안보 협력 의제를 본격적으로 제기하면서 한반도 문제를 해결해 나가야 한다. 민족자결권 차원에서 한반도 문제인 평화체제 구축 문제는 남북이 주도해야 하지만, 현실적으로 평화를 보장할 수 있는 미국과 중국의 적극적인 참여 없이는 불가능할 것이다. 그러기 위해서는 한국이 먼저 북미 간의 수교협상을 적극적으로 지지하고 협력하는 자세로 전환해야 할 것이다. 한국이 러시아, 중국과 국교정상화를 했듯이 북한도 미국, 일본과 수교해 안전을 보장받게 하는 것이 한반도와 동북아 지역의 평화와 안보협력의 기본이다. 미국과 북한 간의 수교협상은 결코 한국의 국익에 반하는 것이 아니며 또한 중요한 이해당사국인 중국도 적극 지지하는 것이다. 한국은 피해의식을 가지고 북미 간의 수교논의를 우려할 것이 아니라 하루속히 협상을 시작할 수 있도록 미국을 설득하고 북미 간의 가교 역할을 적극적으로 해 나가야 할 것이다.

그동안 6자회담이 장기간 개최되지 못해 추동력도 많이 상실되었지만, '9·19 공동성명'은 북핵 문제를 넘어 남북한과 주변 강대국들의 이해관계를 잘 반영하고 있다. 또한 '2·13 합의'에 따라 6자회담 안에 한반도 비핵화, 경제·에너지 협력, 동북

## 7. 북한 핵문제의 해법

아 평화·안보체제, 북한과 미국·일본과의 수교 등 5개 실무그룹과 별도의 포럼으로 한반도 평화체제 포럼을 설치하기로 한 바 있다. 따라서 '9·19 공동성명'과 '2·13 합의'의 합의사항들을 재추진해야 할 것이다.

한반도 평화체제의 구축은 한국 스스로 풀어나가야 할 최우선 과제다. 한반도 평화체제의 구축을 통해 북한 문제 해결을 넘어 동북아 평화협력으로 나아가도록, 어느 때보다도 한반도 평화체제 구축에 역량을 쏟아야 할 것이다.

# 8

# 북한에 대한 인식

**남북은 운명공동체다**

남과 북은 원하든 원하지 않든 함께 살아가야 하는 운명공동체다. 지금은 비록 분단되어 적으로 대립하고 있지만 언젠가는 하나의 민족으로 다시 합쳐 살 수밖에 없는 운명에 놓여 있음을 과연 누가 부정할 수 있을까. 이것은 감성적인 차원의 이야기가 아니라 한국의 역사적 사실과 세계사적인 관점에서 볼 때 그러하다. 시간이 지나면 북한의 현 체제도 변할 수밖에 없다. 좀 더 긴 호흡으로 남북 관계를 보아야 한다. 시기는 모르지만 언젠가 통일은 필연적으로 이루어질 수밖에 없는 당위라는 점을 인정해야 한다. 통일 비용을 이유로 통일을 반대하는 사람들도 있으나 계속 지출해야 하는 분단 비용에 비하면 오히려 빨리 통일되는 것이 더 경제적일 수도 있다. 북한 문제에 대한 궁극적인 해법은 바로 통일이다.

그러나 현재의 남북 관계와 북한의 체제, 주변 관련국의 이해관계를 고려하면 통일에는 상당한 시간이 요구되기 때문에 당장 통일을 지향하는 대북정책은 바람직하지 않다. 장기적으로 통일을 지향하되 지금은 평화롭게 공존하면서 서로의 필요와 요구에 응하며 상호협력을 확대해 나가야 한다. 그러다 보면 북한의 체제에도 변화가 생기고 주변의 국제관계에도 변화가 일어나 통일의 기회가 올 것이다. 독재는 영원히 지속될 수 없다. 북한의 변화를 재촉할 수 있는 가장 효과적인 방법은 북한의 경제성장이다. 북한이 경제적으로 성장하는 만큼 북한 지도자들의 체제에 대한 자신감이 높아질 것이며, 그만큼 극단적인 행동의 가능성은 줄어들고, 주민들의 의식 또한 달라져 정치에도 변화가 생길 것이기 때문이다.

제2장에서 설명한 한민족의 저력, 한반도의 지정학적인 장점

도 남북이 하나가 되지 않고는 발휘할 수가 없다. 남북이 하나 됨으로써 얻을 수 있는 이익은 단순히 경제적 차원에서만 논할 수 없는 엄청난 결과를 가져올 것이다.

오늘날 한국은 반도의 끝에 밀려 휴전선을 경계로 북한과 대립하고 있기 때문에 섬나라보다도 훨씬 더 불리한 위치에 있다. 통일이 아니라도 북한을 자유 왕래만 할 수 있다면 북한을 통해 동북3성을 비롯한 중국과 러시아와 바로 연결된다. 무역과 교통과 물류의 혁명이 일어날 것이다. 나아가 이는 사고의 혁명을 가져올 것이다. 분단으로 저하된 한국의 성장잠재력은 크게 향상될 것이며 향후 후손은 지금과는 전혀 다른 시대에 살게 될 것이다. 젊은이들이 자동차로 아시아하이웨이 1번 도로를 따라 평양을 거쳐 베이징, 상하이, 베트남까지 가는 모습을 상상해보라. 호연지기(浩然之氣)를 품은 젊은이들의 세상을 향한 꿈은 좁은 한반도 끝자락에 갇혀 있는 지금과는 차원이 달라질 것이다.

지금 한반도는 분단으로 인해 지정학적 이점을 전혀 발휘하지 못할 뿐만 아니라 주변 강대국의 이익을 위한 대리전을 치르며 세상의 웃음거리가 되고 있다. 남북협력은 단순히 남북 차원의 사건이 아니라 대륙과의 연결을 통해 아시아의 새로운 중심 국가로 등장하게 되는 시동을 거는 것이다. 통일은 한국이 동북아의 주도적인 역할을 하며 세계적인 지도국가로 등장하게 하는 경천동지(驚天動地)의 사건이 될 것이다. 주변 강대국의 역학 관계를 결정하는 균형자의 역할도 바로 통일 한국이 하게 될 것이다. 이때 비로소 세계의 지도국이 될 수 있는 자격을 얻는 것이다.

지금 북한이 체제 생존을 위해 하는 핵개발을 비롯한 대남 적대 행위로 인해 북한의 본질적인 지위마저 망각해서는 안 된다. 우리는 만약의 경우를 위한 안보에는 만전을 다하더라도 민족과 국가의 미래를 위한 준비도 게을리해서는 안 된다.

한 가지 예를 보자. 우리나라가 정부 차원에서 외국을 원조하는 돈, 다시 말해 공적해외원조(ODA) 금액이 2012년부터 1조 원, 즉 10억 달러를 초과하기 시작했다. 이 금액은 국민총소득(GNI)의 0.1%에 해당하는 수준이다. 정부는 2015년까지 OECD 평균 수준인 GNI의 0.25%까지 증액하겠다고 발표했다. 이대로 된다면 2015년에는 약 3조 원, 즉 30억 달러를 해외원조에 사용하는 것이다. 이 부문에 들어가는 돈이 많다고 하더라도 한국이 경제력에 상응하는 지도력을 발휘하기 위해 감수해야 할 부담이기도 하다. 특히 과거 우리나라가 어려울 때 해외원조의 도움을 많이 받았다는 것을 생각하면 더욱더 그러하다.

그러나 지금 당장 한국이 북한에 사용하는 금액과 비교해보면 머쓱해진다. 빈곤국에 대한 인도적 지원은 물론 새로운 개발 모델로서 여러 개발도상국의 개발을 돕기 위해 개발경험을 전수하며 외국의 관료들을 교육하는 등 다양한 지원을 아끼지 않고 있다. 그러나 한민족으로 장차 같이 하나로 살아야 할 북한 주민에 대한 지원 수준은 부끄럽기 짝이 없다. 지금 당장의 남북의 군사적 긴장으로 우리의 미래까지 무시하는 것은 현명한 선택이 아니다.

### 북한 문제는 세계적 문제

북한 문제가 단순히 남북 관계만의 문제가 아니라 세계적 문제임은 다시 말할 필요도 없다. 지정학적인 이유에서 자연스러운 결과이기도 하다. 한국이 분단될 수밖에 없었던 것도 당시 동서 진영의 세계적 헤게모니 다툼의 결과임은 주지의 사실이다. 지금도 이러한 구도는 크게 변하지 않았다. 따라서 북한 문제를 남북 관계라는 좁은 시각에서 보아서는 안 된다. 주변 강대국을 포함한 국제사회와의 역학관계를 함께 보지 않으면 문

## 8. 북한에 대한 인식

제의 본질을 제대로 파악할 수 없는 경우가 많다.

특히 한반도의 운명에 결정적 역할을 하고 있는 미국과 중국의 이해관계를 잘 분석해야 한다. 미국의 대북정책은 미국의 대중 및 대일 정책과 밀접하게 관련되어 있으며, 중국의 대북정책은 중국의 대미 및 대일 정책과 밀접하게 관련되어 있다. 예를 들면 미국과 중국 간에 타이완 문제를 둘러싸고 군사적 갈등이 고조되면 양국은 자신들의 입지를 유리하게 하기 위해 북한 카드를 활용할 수 있다. 만약에 일본과 중국 간에 센카쿠 열도를 둘러싼 군사적 긴장이 고조되면 이를 우려하는 미국이 북한 카드를 활용해 그 쪽의 긴장을 완화할 수도 있는 것이다. 이번 제3차 북한 핵실험 이후 일촉즉발의 위기에 있던 중국과 일본 간의 대결이 갑자기 수면 아래로 잠복한 것은 바로 이러한 사건들이 서로 별개의 것이 아님을 증명해주는 것이다.

이와 같은 당장 눈에 보이는 사례뿐만 아니라, 예측할 수 없는 많은 가능성이 있을 수 있다. 미국과 중국은 전 세계에서 대립하기 때문에, 예를 들면 중동에서의 이익을 위해 한반도에서의 이익을 어느 정도 포기할 수도 있는 것이다. 과거 한국전쟁 중인 1950년 가을에 중국이 티베트를 점령했고, 미소 간의 쿠바미사일 위기가 한창인 1962년 10월 중국이 인도와 전쟁을 벌였다. 약소국은 강대국의 이익을 위해 언제든지 희생될 수 있다는 과거의 교훈을 기억해두자.

따라서 이와 같은 주변 강대국의 이해관계에서 발생하는, 원하지 않는 부정적 효과를 최소화하기 위한 한국의 노력이 필요하다. 특히 한국의 이해관계는 과거 냉전시대의 약소국이었을 때의 이해관계와는 판이하다. 과거 냉전시기처럼 그렇게 단순하지 않다. 중국은 이제 한국의 가장 큰 무역 파트너가 되었다. 미국과 일본 양국과의 무역량을 합한 것보다 중국과의 무역량이 더 많다. 경제적으로 곤궁한 북한은 이제 핵개발을 통해 자신의 국제적 목소리를 더 높이고 있다.

한국이 주변 강대국의 이해관계에서 희생되지 않기 위해 스스로의 힘을 배양하는 것이 물론 무엇보다도 중요하다. 그러나 한편으론 서로의 반쪽인 남과 북이 상호 협력을 강화함으로써 강대국의 일방적 게임으로부터 이익을 보호할 수 있다. 남과 북이 적대관계일 때는 주변국의 희생물이 되기 쉬우나 협력관계에 있을 때는 어느 일방을 위한 희생물이 되기 어렵다. 남북협력이 중요한 또 하나의 이유기도 하다.

8. 북한에 대한 인식

## 북한은 신성장동력이다

북한과의 경제협력은 한국이 일방적으로 지원하는 것이라는 생각은 이제 버려야 할 때가 되었다. 지금은 비용이지만 먼 훗날 통일을 고려하면 투자라는 설명도 이제는 유효하지 않다. 남북경협은 이제 선택이 아닌 필연으로 다가와 있다. 북한이 한국을 필요로 하는 것이 아니라 한국이 북한을 필요로 하는 시점에 왔다는 말이다. 북한이 바로 한국의 신성장동력이 될 것이다.

한국은 지금 일인당 국민소득 2만 달러대 수준을 벗어나지 못하는 이른바 '중진국 함정'에 빠진 것은 아닌지 우려된다. 지난 2007년 처음으로 2만 달러를 넘어섰으나 5년이 지난 2012년에 2만 2,000달러대에 그치고 있다. 오늘날의 선진국들은 대체로 2만 달러대에서 3만 달러대로 진입하는 데 평균 9.6년이 소요되었다. 그러나 지금과 같은 상황이라면 한국의 3만 달러대 진입은 요원해진다.

더욱 우려할 사항은 저출산 고령화로 '생산가능인구'의 비중이 줄어들기 시작했다는 점이다. 15세부터 64세까지의 인구에 해당하는 생산가능인구는 한 나라의 중장기적인 잠재적 경제성장률과 직결되는 주요한 지표다. 한국의 생산가능인구 비중은 2012년을 정점으로 해 줄어들기 시작했다. 일하는 사람의 비중이 점점 줄어들고 부양받을 사람의 비중이 늘어나는 구조라면 장기적 전망도 좋지 않게 됨은 당연하다.

한국은 중진국에서 선진국으로 성장해보지도 못하고 이미 저성장 단계에 진입한 것으로 보인다. 설사 한국이 다시 4~5% 수준의 성장을 하더라도 예전처럼 일자리가 생기는 것은 아니다. 특히 수출 중심으로 무역의존도가 높고 대기업 중심으로 자본집중도가 높은 산업구조하에서 경제성장이 과거처럼 일자리를 만들어내는 것은 아니다. '고용 없는 성장'으로부터 벗어날 수 있게 해줄 수 있는 대안이 바로 북한이다.

또한 지금의 경제 규모로는 국가경쟁력에도 한계가 있다. 인구 5,000만 명 규모에서 8,000만 명 규모로 확대된다면 국제경쟁력이 달라진다. 북한과의 협력이 강화되어 자유로운 통행이 가능하다면 북한과 바로 인접한 인구 1억이 넘는 중국의 동북3성도 내수시장과 같은 역할을 할 수 있을 것이다. 한국의 잠재성장률 상승은 물론 일자리 사정도 크게 향상될 것이다.

이와 같이 한국의 경제적 난제를 일거에 해결해줄 수 있는 대안이 바로 북한이다. 북한은 한국과 매우 완벽한 상호 보완 관계에 있기 때문이다. 한국이 해외에 쏟는 자원개발 노력을 북한에 쏟는다면 얼마나 큰 성과를 얻을 수 있을까. 남북의 상호 의존도가 클수록 극단적인 행동이 점점 더 어려워짐은 말할 나위도 없다.

통일 비용 측면에서 볼 때도 경협의 강화가 훨씬 효과적이다. 정부는 투자환경을 조성하는 사회간접자본 중심으로 협력하게 되겠지만 기업은 투자환경이 조성되어 수익을 창출할 수 있다고 판단하면 적극적으로 투자할 것이다. 기업의 투자는 사실상 통일 비용에 해당할 수도 있으나 기업 자체의 수익을 위한 것이기 때문에 통일 비용으로 생각되지 않는다. 독일식의 갑작스런 통일이 이루어질 때 과연 이를 감당할 경제적 능력이 있을까 하는 점을 감안한다면 사전적인 경협의 의미는 더욱 중요해진다. 통일 이후 사후적으로 들 수 있는 통일 비용을 기업의 부담으로 사전에 투자해 수익을 올리는 이러한 윈윈(win-win) 구조가 가능하다면 이보다 더 경제적인 통일 준비는 없을 것이다.

만약 지금과 같이 북한에 대한 고립정책을 지속한다면 한국이 우려하는 중국에 대한 북한의 예속은 심화될 수밖에 없다. 머지않아 북한 경제는 북중 정부 차원의 협력을 바탕으로 단순한 교역단계를 넘어 대규모의 프로젝트에 대한 투자가 이루어지는 단계로 접어들 것이다. 경제성장으로 자원에 대한 수요가 급증하며 유동자금이 풍부한 중국으로서는 북한의 자원이 매력적일 수밖에 없다. 그동안 중국이 대규모 프로젝트에 진출하기 어려웠던 것은 중국의 사정만 아니라 북한의 정책에도 기인한 것이라고 보아야 할 것이다. 북한의 중국에 대한 의존도 심화는 북한 지도자들이 심히 우려하는 사안이기 때문에 중국자본의 진출에 대해 우호적인 정책을 펴지 않았다. 이러한 북한의 정책에도 변화가 생기고 있다. 외국인 투자 관련 법규에도 변화가 보인다. 2012년 8월 장성택의 방중 시 중국 총리는 중국기업의 투자를 원활하게 하기 위한 북한 정부의 태도 변화를 촉구하기도 했다.

이제 북한은 한국과 미국의 봉쇄정책이 장기화되자 다른 대안이 없어졌다. 최근 보도를 보면 대규모 프로젝트에 대한 중국의 진출 건이 자주 언급되고 있다. 아마 지금도 많은 프로젝트에 대한 교섭이 진행되고 있으리라 예상된다. 가장 우려하던 것이 현실화되고 있는 것이다. 이러한 현상이 조금 더 지속된다면 중국의 투자로 건설되는 개성 - 신의주 간 고속도로 통행료를 지급하면서 한국 컨테이너 운송트럭이 중국으로 화물을 운송하는 모습을 보는 날도 머지않을 것이다.

# 9

# 북한 변화의 방향

**북한은 시장경제로 가고 있다**

한국의 대북정책은 북한의 향후 진행 방향을 예상하면서 전개할 수밖에 없다. 1980년대 중국의 개혁·개방과 동유럽 사회주의권의 붕괴 이후, 경제난을 극복하기 위해 변화를 꾀한 지난 20~30년간 북한의 방향은 다양한 표현과 일진일퇴에도 대체로 시장경제를 지향해가고 있다는 점은 부인할 수 없다. 제재해제와 경제 지원 등을 제공하는 북미 간의 합의와 같은 돌파구가 만들어질 때까지는 전면적이라기보다는 지금과 같은 부분적인 수준의 것이겠지만, 앞으로도 시장경제를 향한 변화는 지속될 것이다. 지금은 계획경제와 시장경제가 병존하지만 계획경제의 영역은 시간이 갈수록 축소될 것이다.

북한은 중국과 한국의 시장경제 체제에 포위되어 있기 때문에 이들의 영향은 절대적이다. 공식적으로 자급자족 경제체제를 포기한 지 오래되었고, 계획경제를 실현할 수 있는 자원을 조달할 수 없는 북한으로서는 시장경제 외에는 다른 대안이 없다. 지금의 생활수준이라도 유지하며 생존할 수 있는 것은 그나마 그동안 점진적으로 허용한 시장 덕분이라는 것을 실감하고 있다. 시장경제가 아직 국가의 공식적인 제도로서 제도화되는 단계로 수용되기에는 더 큰 진통이 필요하겠지만 이를 역행해 계획경제로 회귀할 가능성은 없다.

주지하다시피 그동안 북한은 특구를 중심으로 외국인에게 개방을 진행해왔다. 이는 바로 자본주의 시장경제 제도를 특구에서 실시한다는 내용이다. 헌법을 비롯한 관련법의 개정으로 개인의 영리활동을 허용해, 시장이 활성화되고 다양한 유형의 상행위가 이루어지고 있다. 그 규모도 확대되고 있다. 암시장은 어느덧 옛말이 되었다. 이제 시장이 없으면 북한 경제는 마비될

지경에 와 있다.

이와 같이 북한에서 시장이 활성화되는 배경에는 무역량의 급증과 서로 밀접한 관계가 있다. 특히 지난 5년간의 무역량 증대는 주목할 만하다. 2007년 무역량은 29억 달러 수준이었으나 2012년 무역량은 80억 달러를 초과했다. 비공식적인 무역량을 포함하면 훨씬 더 많을 것이다. 북한 전체 경제 규모가 작기 때문에 이 정도의 무역 규모로도 북한의 무역의존도가 대략 50% 정도일 것이라는 학자들의 분석도 있다. 그렇다면 무역의존도가 20%대 수준인 일본보다 훨씬 높으며, 50% 전후인 중국과 비슷한 수준이다. 사실 이러한 무역 규모를 볼 때 북한이 폐쇄 경제라는 말은 이제 적합하지 않다. 무역이 없으면 생존이 불가능할 정도가 되었다.

무역량 증대 속도만 보아도 북한 사회의 변화 속도를 추측할 수 있다. 예상보다 훨씬 빨리 변하고 있다. 경제적으로 훨씬 역동적인 사회가 되고 있는 것이다. 그 배경에는 시장이 있다. 핵문제나 도발로 북한을 애서 외면할 동안 북한은 시장의 활성화를 통해 저만큼 달려가 있는 모양새가 되고 말았다.

시장이란 개인의 자유로운 활동을 기반으로 작동하는 것이다. 국가의 지시나 명령이 아닌 개인의 독립적인 판단과 위험부담하에 돈을 벌기 위해 다양한 활동을 벌인다. 자신이 번 돈은 자유롭게 처분할 수 있다. 배급제가 축소되고 시장에 의존하는 주민이 증대하는 만큼 북한 주민에 대한 국가의 지배권은 약화되고 있는 것이다. 자본주의사회에서는 돈이 곧 권력으로서의 역할을 하듯이 오늘날 북한에서 가장 큰 위력을 발휘하는 것이 바로 달러다. 개인이 돈으로 권력도 살 수 있는 사회로 변하고 있다.

## 북한의 선택은 사회주의 시장경제하의 개발독재다

그러나 북한의 일인지배 독재 체제는 개인의 자유로운 활동 영역을 정치에까지 허용할 수 없게 한다. 또한 시장경제를 허용하더라도 사적자본의 지배를 폭넓게 제한하는 중국식의 사회주의 시장경제를 채택할 가능성이 높다. 다만 중국과 북한이 다른 점은 바로 세습적인 일인독재 권력의 존재다. 공산당 독재지만 최고 권력자가 주기적으로 교체되는 중국과 달리 북한의 정치는 그만큼 더 운용의 폭이 좁고 경직될 수밖에 없다.

사회주의 계획경제가 붕괴된 북한이 선택할 수 있는 유일한

## 9. 북한 변화의 방향

대안은 독재 권력을 유지하면서 시장경제를 허용하는 방안이 될 것이다. 이는 곧 후진적인 자본주의 시장경제 국가에서 신속한 경제개발을 도모하기 위해 정치적 발전을 희생하며 강력한 정치적 리더십을 수용하는 국가 주도의 경제 발전, 이른바 '개발독재'가 될 수밖에 없다. 그 이름을 무엇으로 정당화하든지 간에 개발독재의 한 유형이 될 것이다. 개발독재의 핵심은 신속한 경제 발전을 위해 정치적으로 독재를 수용한다는 것이다. 북한도 이제는 이데올로기 차원에서만 체제를 정당화하기에는 한계에 도달했다. 주민의 생활을 향상하는 경제성장이 수반되지 않으면 독재를 정당화하기 어려워지고 있다. 정치적으로는 다른 자본주의국가의 개발독재에서와는 비교할 수 없는 수준의 엄격한 통제가 이루어지겠지만 적어도 경제적으로는 더욱 폭넓은 개인의 자유를 허용하게 될 것이다.

한국의 대북정책은 북한이 지향하고 있는 시장경제가 발전할 수 있도록 지원해야 한다. 경제 발전으로 주민의 생활수준이 향상되면 자연스럽게 정치적 요구도 하게 되며 정치개혁이 새로운 의제로 등장한다. 이것은 그동안 세계의 개발독재의 경험이 보여주고 있다. 한국의 사례도 그중 하나다. 북한 독재 체제의 성격상 정치개혁에는 더 많은 시간과 희생이 소요될 가능성이 많지만 북한의 시장경제 발전이 바로 정치발전을 앞당기는 지름길이 된다.

## 남북 관계의 긴장은 북한 군부의 득세를 정당화한다

시장경제 채택 등과 같은 큰 변화에는 항상 저항이 있기 마련이다. 계획경제하에서 특권을 누리는 기득권 세력은 시장경제로 상대적으로 피해를 입게 된다. 그 대표적인 집단이 군부다. 따라서 군은 시장경제로의 변화를 저지 또는 지연시키기 위한 여러 방안을 강구할 가능성이 높다. 물론 북한과 같이 강력한 독재자가 있는 경우 군이 이에 저항하기는 어렵겠지만 적어도 군의 이해관계를 고려하지 않을 수 없을 것이다. 군은 체제 보장의 최후의 보루이기 때문이다.

군은 본질상 전시나 군사적 긴장 시 그 위력을 발휘한다. 북한의 군도 남북 관계가 긴장되고 남한으로부터 군사적 위협을 받으면 받을수록 입지가 강화될 수밖에 없다. 군의 발언권이 강화될수록 시장경제를 향한 변화의 속도도 지연될 것이다.

시장경제의 발전으로 경제 사정이 개선되고 주민생활이 향

## 9. 북한 변화의 방향

상되면 자연히 개방파의 입지가 강화될 것이다. 개방파의 수적인 증가가 시장경제가 더 발전하는 선순환으로 이어질 수 있도록, 시장경제 수용 기반이 되는 북한의 인적 자원 개발도 적극 지원해야 할 것이다.

# 10

# 대안적 정책제안

**북한 체제 인정하고 내정간섭을 하지 말아야 한다**

 한국은 북한에 대한 인식을 이제 분명하게 해야 한다. 북한의 현 체제에 대한 진정한 인정이 그 출발점이 되어야 한다. 북한 체제를 인정하고 내정간섭을 하지 않는 것은 남북이 20여 년 전인 1991년 체결한 남북기본합의서의 내용이기도 하다. 북한 체제를 인정한다고 하여 독재 체제를 지지하는 것이 아님은 물론이다. 적어도 한국이 북한과 대화를 하는 한 상대방을 합법적인

## 10. 대안적 정책제안

상대로 인정해야 하기 때문이다. 대화하는 상대방의 국내 문제에 간섭하는 한 대화는 진전되기 어렵다. 이제 북한 체제 붕괴를 의도하거나 오해를 살 만한 말이나 행동은 적어도 당국 차원에서 하지 말아야 한다.

이러한 전제에서 한국은 과연 어떠한 정책 대안을 세우고 있는가? 지금까지의 대북정책은 북한의 행동에 따라 이에 대응하는 차원에서 방어적·수동적으로 이루어졌다. 그 이유는 항상 군사적 대결을 전제하면서 북한 체제를 인정하는 문제에 대해 불확실하고 유보적인 입장에 있었기 때문인 것으로 보인다. 그만큼 정책 선택이 제한을 받을 수밖에 없었다.

### 자유민주주의와 시장경제는 한국 최고의 무기다

이제 군사력이 아니라 북한 체제와 비교해 비교 우위에 있는 한국의 강점을 충분히 발휘하자. 한국이 자랑하는 자유민주주의 체제와 시장경제 체제를 과연 남북 관계에서도 충분히 활용하고 있는가? 한국은 체제의 강점이 분명한데도 여전히 지나치게 체제 방어적이 아닌가 하는 생각이 든다. 북한이 핵무기로

무장했다고 두려워할 필요가 없다. 한국이 북한 체제를 위협하지 않는 한 핵무기는 무용지물일 뿐이다. 군사력이 아닌 체제로써 정면 돌파하도록 해보자. 자유민주주의 체제와 시장경제 체제는 핵무기보다 강한 평화의 무기다. 핵무기는 사용하면 모두가 파멸하는 살상의 무기지만 한국의 체제는 사용하면 할수록 모두를 살리는 상생의 무기다.

북한에 체제를 강요할 수는 없지만 한국의 체제를 남북 관계에도 적극 활용해야 한다. 민주주의와 시장경제 모두 자유경쟁에 바탕을 두고 있다. 다시 말해 정치권력에 대한 자유경쟁이 민주주의의 바탕이고 경제력에 대한 자유경쟁이 시장경제의 바탕이다. 반면에 독재 체제는 경쟁을 허용하지 않는다. 인간의 자연스러운 본성에 바탕을 둔 민주주의와 시장경제가 남북 관계에도 최대한 활용될 수 있도록 노력을 확대해야 한다.

냉전기의 방어적 민주주의라는 이름으로 수동적인 입장에서 행했던 대북정책을 지속하기에는 이제 한반도는 물론 세계적인 환경의 변화가 너무나 크다. 체제에 대한 자신감으로 한반도의 변화를 주도할 수 있어야 한다. 핵문제를 포함한 모든 문제의 근본 원인이 북한의 체제이기 때문에, 체제 자체의 변화를 유도하는 것이 가장 중요하다면 우월적인 체제로서 대응하는 것이 가장 효과적이다. 강경일변도의 제재로는 북한 체제를 더욱 강화할 뿐이다.


### 한국이 먼저 북한의 방송과 출판물을 전면 개방하자

한국은 북한이 개방해야 한다고 주장하지만 한국 스스로가 과연 충분히 개방하고 있는가? 자유민주주의의 힘은 바로 언론의 자유, 표현의 자유, 정보의 자유로운 유통을 바탕으로 한 공개성·투명성에서 나온다. 그렇다면 한국은 왜 북한의 정보에 대해 아직도 자유로운 유통을 허용하지 않는가? 북한 체제에 대한 체제의 방어를 위해서라는 논리는 너무나 시대에 뒤떨어진 사고다. 이미 체제 경쟁은 끝났다. 더는 두려워할 필요가 없다. 자유민주주의가 확고하게 뿌리를 내린 현실을 감안할 때 이는 더 미룰 사안이 아니다.

북한의 방송은 물론 북한의 모든 출판물에 대한 자유로운 유통 및 접근을 허용해야 한다. 자유민주주의의 원칙에 따라 사상 및 정보의 시장에서 자유로운 경쟁을 통해 스스로 퇴출되도록 해야 한다. 이로 인해 국가의 안보가 침해되는 범죄에 이른다면 국법에 따라 처벌하면 된다. 그렇지 않으면 불완전하게 전달됨으로써 정보의 왜곡이 심화되며, 지하에서 유통됨으로써 관리가 더욱 어려워진다. 자유민주주의의 생명력은 정보의 자유경쟁을 통해 더욱 강해진다.

북한 체제에 대한 평가는 정부의 선전이나 홍보보다 정보의 자유로운 유통을 통해 더 정확하고 효과적으로 이루어질 수 있다. 북한의 방송과 출판물은 북한을 바로 알게 하는 최고의 교재가 될 것이다. 나아가 향후 통일을 고려할 때 민족 통합을 준비하는 자연스러운 학습 과정이 되리라는 것은 말할 나위도 없다.

북한 방송이나 출판물에 대한 자유 유통으로 가장 큰 영향을 받는 곳은 사실 한국이 아니라 북한일 것이다. 지금은 북한 주민에 대한 선전용이지만 이제 한국 주민까지 고려해야 한다면 북한도 새롭게 접근할 필요를 느낄 것이다. 아마도 북한의 개방에 가장 큰 압력으로 작용할 가능성이 크다.


**북한에 대한 여행 자유를 허용하자**

북한의 정보 개방과 더불어 북한에 대한 여행 자유를 허용해

## 10. 대안적 정책제안

야 한다. 정보 개방과 동일한 논리에서다. 자유롭게 해외여행을 하듯이 북한도 자유롭게 방문할 수 있게 해야 한다. 북한에 대한 교육으로 이보다 효과적인 현장교육은 없을 것이다. 물론 한국이 아무리 여행의 자유를 허용한다고 해도 북한이 허용하지 않는 한 들어갈 수는 없다. 적어도 한국으로서는 외국에 가는 것과 마찬가지 절차로 북한 방문을 허용해야 한다. 사전허가나 사후 보고 등이 필요 없도록 해야 한다. 출국신고만으로 충분하게 해야 한다. 현행법을 위반한 경우에는 법에 따라 처벌하면 된다.

물론 한국의 조치만으로 마음대로 북한을 여행할 수는 없으나 이러한 조치가 갖는 의미는 상당히 크다. 체제의 우월성에 대한 자신감은 물론 인적 교류의 확대에 크게 기여할 것이다. 북한 방문자가 많아진다고 안보가 훼손되는 것이 아니라 오히려 한반도의 평화는 더욱 증진될 것이다.

남한의 북한 여행 자유화 조치에 대해 더 큰 영향을 받는 것은 바로 북한이다. 북한은 물론 관리할 수 있는 적정한 숫자만 입국을 허용하겠지만 남한 방문객의 증대는 북한 사회에 큰 변화를 초래할 것이다. 더 많은 외부 사람이 여행하고 더 많은 외부 사람이 북한에 체재할수록 북한의 변화는 가속화될 것이다.

이러한 북한 방송 및 출판물의 자유 유통과 여행 자유는 한국의 대북정책의 자신감과 주도권 획득에 크게 기여할 것이다.

## 개인의 대북 경제활동을 폭넓게 허용해야 한다

지금은 개인이 북한에서 사업을 하려는 경우에도 정부의 허가를 받아야 한다. 정부는 국민 보호 차원에서 엄격하게 심사해 극히 제한적으로 허용하고 있다. 외국에서 사업을 하는 경우 국내법이나 관련 외국의 법에 저촉되지 않는 한 자유로이 경제활동을 할 수 있는 것과 크게 다르다. 마찬가지로 한국 국민이 북한에서도 북한법에 따라 자유로이 경제활동을 할 수 있게 허용해야 할 것이다. 정부가 공적인 재원으로 지원하지 않는 한 민간 사업자인 개인이 자신의 자원을 사용해 벌이는 경제활동은 최대한 허용하는 것이 시장경제의 원칙에도 부합한다.

시장경제의 기본원칙은 개인이 자기의 책임하에 자유롭게 법률행위(계약)를 할 수 있게 하는 것이다. 시장경제 체제에서는 국가가 개인의 정당한 재산을 보호해주어야 하나 개인이 스스로 위험을 감수하며 경제활동을 하려는 것을 되도록 제한해서는 안 된다. 개인의 경제적 모험심이 자본주의 발전의 원동력이

## 10. 대안적 정책제안

기 때문이다.

현재의 한국의 관련 제도는 북한에서 북한과 협력해 경제활동을 하는 것을 엄격히 제한하고 있다. 정부는 개인이 중국이나 동남아 등 외국에서 경제활동을 하는 것과 마찬가지로 북한에서도 개인이 자신의 위험부담하에 경제활동을 할 수 있는 범위를 대폭 확대해야 한다. 한국 정부는 이제 경제활동을 통한 남북 교류협력이 북한에게 일방적으로 이익을 주는 것이라는 피해의식을 느껴서는 안 된다. 이는 가장 도전적인 기업가 정신으로 세계를 무대로 경제활동을 하고자 하는 국민에 대한 모욕이기도 하다. 북한을 새로운 사업을 개척할 수 있는 블루오션으로 생각하는 사람들에게 꿈을 실현할 수 있는 기회마저 박탈해서는 안 될 것이다.

개인 재산을 직접 투자해 사업을 하는 당사자는 가장 신중한 선택을 할 것이다. 실패한다면 실패를 통해서도 배울 수 있을 것이다. 되도록 시장경제의 가장 중요한 기본 원리인 개인의 경제활동 자유를 북한에서도 행사할 수 있도록 해, 시장경제의 원칙이 북한에서도 확산될 수 있도록 해야 할 것이다. 경제활동을 통한 남북 주민 간의 협력은 북한 변화를 견인하는 가장 효과적인 방안이 될 것임은 두말할 나위가 없다. 이는 북한의 시장경제 촉진을 위한 지름길이다.

이런 각도에서 보면 민간인 차원의 대북 인도적 지원은 당연히 자유롭게 허용해야 한다. 공적 재원인 정부에 의한 인도적 지원과 달리 민간 NGO의 대북 지원을 제한하는 것은 명분이 없다.

그러나 남북 관계가 특수하기 때문에 국가의 안보를 이유로 개인의 경제활동이 제한될 수도 있다. 이러한 경우를 대비해 정부는 개성공단에서와 같은 보험제도 등을 통해 대북 투자자의 위험부담을 경감할 수 있는 방안을 강구해야 할 것이다.

## 정부 차원의 경협사업을 과감하게 진행해야 한다

정부 차원의 남북경협은 개인 차원의 경제활동과 다르다. 국민의 세금인 공적자금을 재원으로 사용하기 때문에 국민적 공감대가 허용하는 범위 내에서 추진할 수밖에 없다. 또한 국가 차원에서 추진하는 것이기 때문에 재원의 규모도 훨씬 클 수밖에 없다. 따라서 북한이 남한과의 경협에서 특히 관심을 두는 것도 이러한 정부 차원의 경협이다. 북한에 절실한 경제난 극복을 위해

## 10. 대안적 정책제안

남한의 경제력과 기술력은 최고의 경쟁력을 가지고 있다.

남북경협에 대해 한국 정부는 좀 더 과감하게 진행해야 한다. 기다리기보다 적극적으로 환경을 만들어가야 한다. 환경이 개선되기를 기다리는 것도 방법이지만 오히려 열악한 환경 등으로 기회비용을 지출하더라도 좀 더 적극적으로 나서야 한다. 그렇지 않고 남북경색 국면이 지속된다면 훗날 그만큼 더 큰 비용을 치를 것이다. 이미 북한은 중국을 비롯한 외국의 자본을 유치해 경제개발을 하겠다는 방침을 정하고 그 방향으로 정책을 추진하고 있다. 최근 언론 발표가 보여주듯이 중국의 대규모 투자도 가시적으로 나타나기 시작하고 있다. 미국도 구글 슈미트 회장의 방북에서 보여주듯이 경제적 접근을 시도하고 있다. 한국이 더 늦어져서는 안 된다.

최소한의 여건이 허락하는 대로 인프라 건설을 비롯해 산업단지 등을 조성해야 한다. 정부의 이러한 노력이 수반되지 않는다면 민간 사업자의 진출도 매우 어렵다. 러시아와의 가스관 연결 사업도 진행해야 한다. 단기적인 안목에서 값싼 임금을 이용하기 위해 투자하는 것도 필요하지만, 북한을 신성장동력 및 통일을 지향하는 공동체로서 인식하며 아울러 중장기적으로 접근해야 한다. 국제사회도 참여할 수 있도록 여건 마련에 최선을 다해야 한다. 한국의 민간 사업자가 경제원칙에 따라 자신의 위험부담으로 북한에 진출한다면 자연히 외국 기업의 북한 진출도 뒤따를 것이다.

## 경협사업으로 군사적 긴장을 완화하자

남북경협은 북한에 대한 가장 큰 지렛대다. 개성공단과 금강산관광사업으로 북한은 개성과 금강산 부근 휴전선 일대의 북한군을 뒤로 재배치했다. 경협이 직접적으로도 군사적 긴장을 완화할 수 있다는 의미다. 한국에 직접적으로 가장 큰 위협이 되는 것은 핵무기보다는 수도권을 향한 1,000대가량의 장사정포다. 핵무기는 그 가공할 파괴력으로 인해 사용보다 보유로써 위력을 발휘하지만, 최대 사정거리 60km나 되는 장사정포는 언제라도 사용해 서울을 불바다로 만들 수 있는 무기다.

한국은 이제 좀 더 과감한 빅딜(big deal)을 해야 한다. 큰 것을 주고 큰 것을 받아야 한다. 가장 위협적인 장사정포와 같은 것도 북한이 가장 필요로 하는 것과 교환하도록 만들어야 한다. 예를 들면 개성 – 신의주 간 고속도로를 건설해주는 대신 북한은 장사정포를 서울 사정거리 밖으로 후퇴시키는 것이다. 전혀 불가능하지 않다. 북한으로서도 시설 자체를 파괴하는 것이 아니라 포를 후방으로 이동시키는 것이기 때문에 위험부담이 낮다. 서울-평양 간 고속도로를 타고 사람과 물류가 북한과 중국으로 이동할 정도면 그만큼 전쟁의 위험성은 낮아질 것이다. 현재 중무장 상태인 휴전선 비무장지대도 말 그대로 비무장화하는 협력을 만들어내야 한다. 한국의 전쟁 도발 가능성이 없다는 것을 잘 알고 있는 북한으로서도 이러한 제안에 부담이 덜할 것이다.

사실상 핵무기 보유로 확실한 억지력을 갖게 된 북한으로서는 재래식 군사력 부문에 대해 비교적 이전보다 더 양보할 수 있는 여유를 가질 수 있을 것이다. 재래식 군축 협의도 더 용이해질 수 있다. 군사적 부문에서 북이 양보한다면 남북경협은 훨씬 큰 동력을 얻을 수 있게 된다.


### 남북한 국가연합을 준비하자

남북 관계에서 이와 같은 과정의 발전이 이루어지면서 상호 신뢰가 구축되면 자연히 남북 간에는 서로 교류협력사무소도 설치할 수 있으며 나아가 남북 간의 국가연합도 이루어질 수 있다. 자연스러운 발전이다. 따라서 이제 북한붕괴나 흡수통일이 아니라 한국 학계에서도 남북한 국가연합을 활발히 논의해야 할 것이다. 통일을 장기적 목표로 설정한다면 중간의 과도적 단계인 남북한 국가연합은 극히 자연스러운 발전이다. 특히 경제 분야의 교류협력 강화는 국가연합을 위한 가장 강력한 추동력이 될 것이다.

국가연합의 형성도 남북 관계의 진전에 따라 점진적으로 필요한 분야별로 공동기구가 만들어지면서 점차 확대될 것이다. 이러한 기구는 훗날 통일정부의 수도가 될 지역을 휴전선 인근에 정해 그곳에 두도록 해야 할 것이다. 국가연합의 수도는 단순히 남북 간의 평화의 상징에 그치지 않는다. 지구 상 최후의 냉전 현장이 갖는 상징성을 활용해 세계의 평화지역으로 만들며 각종 국제기구를 유치할 수 있도록 해야 한다. 만약 이러한 국제적인 평화도시로 성장한다면 이는 어떠한 무기로도 파괴할 수 없는 평화를 보장하는 최고의 보루가 될 수 있을 것이다.

# 11

# 통찰력 있는 리더십

### 천시, 지리, 인화를 갖추어야

맹자는 일을 이루려면 천시(天時)와 지리(地利)도 중요하지만 가장 중요한 것은 인화(人和)라고 했다. 천시란 하늘의 때를 말하며, 시기의 적절성이라고 볼 수 있다. 오늘날은 인류 문명의 중심이 서양에서 동양으로 이동하는 문명의 전환기로서 새로운 가치관을 요구하는 시기임을 생각할 때 한반도에 남북협력과 통일의 때가 오고 있다. 그렇다면 하늘은 한국에 기회를 주고 있는 셈이다. 둘째의 지리는 넓게 보면 주어진 여건과 환경이라고 볼 수 있다. 한국의 사상적 도덕적 기초, 지정학적 위치, 선진화의 성공, 분단국의 경험 등에다 현재 한국 사회가 처한 국내적·국제적 환경이 여기에 해당한다고 볼 수 있다. 물론 남북 관계와 한반도를 둘러싼 국제적 역학관계도 중요한 부분이 될 것이다.

천시는 지리만 못하고 지리는 인화만 못하다면서 맹자가 강조한 인화는 말 그대로 사람들 사이의 화합과 단결을 의미한다고 볼 수 있다. 아무리 날씨가 좋고 성이 높고 무기가 좋아도 사람들이 성을 버리고 도망치는 이유는 바로 인화의 문제라는 것이다. 지도자가 인화를 이루지 못하면 아무리 좋은 조건과 환경에 있어도 그 공동체는 성공할 수 없다. 2012년 대선에서도 대통령 후보들이 주장한 국민통합은 매우 당연한 것이다. 국민통합 없이는 한국의 자산을 제대로 활용할 수가 없다. 국민통합 없이는 통일은 물론 당장 필요한 평화도 지키지 못할 수 있다. 국민통합은 반드시 이루어야 할 국가적 과제인 것이다.

사실 맹자가 이렇게 주장한 이유는 인화를 이룰 수 있는 능력 있는 리더십의 중요성을 강조하고 있다고 보아야 한다. 인화에서 말하는 인간관계를 원활하게 할 수 있는 지도자라면 인재를 알아보는 눈이 있을 것이고 따라서 인재를 적재적소에 활용함으로써 공동체의 통합을 만들어낼 것이다. 나아가 이러한 지도자는 당연히 천시와 지리도 알 수 있는 능력이 있다. 인류 문명의 전환기에 새로운 역사를 만들어내기 위해서는 이러한 천시, 지리, 인화를 관통할 수 있는 통찰력 있는 리더십 없이는 불가능할 것이다.


### 국민통합을 위한 진보와 보수의 상호 이해

한국 사회는 지금 여러 분야에 걸쳐 이해관계가 복잡하게 대립하고 있다. 그동안의 발전을 통해 새로운 기득권층이 자리 잡으면서 자신의 이익을 지키기 위한 주장이 다양하게 나오고 있다. 한국 사회의 고질적인 지역 간의 갈등을 비롯해 빈부 간의 갈등, 세대 간의 갈등, 진보와 보수의 갈등 등 복잡한 갈등이 심화되고 있다.

그렇다면 한국 사회가 이러한 갈등을 극복하고 국민통합을 이루려면 어떻게 해야 하는가? 물론 인사나 자원의 배분 등이 중요한 역할을 할 수 있을 것이다. 그러나 여기서는 그런 정책적인 관점에서 이야기하려는 것이 아니라 역사의 교훈을 통해 보고자 한다. 또한 이들 다양한 갈등 중에서도 진보와 보수 또는 좌우의 대립에 대해 보고자 한다.

진보와 보수의 대립은 한국 사회의 통합을 가장 방해하는 요소다. 분단에 뒤이어 잔혹한 민족 상쟁의 피비린내 나는 전쟁의 원인도 좌우의 사상 대립에서 기인한 바 있다. 그 후 지금까지도 한국 사회의 더욱 첨예한 갈등 원인이 되어 남북 관계뿐만 아니라 경제·교육·문화 등 전 분야에까지 깊은 분열의 골을 만들어내고 있다. 이런 점에서 볼 때 좌우 대립의 문제만 성공적으로 해결해도 국민통합이 성공한 것이나 다름없다.

그렇다면 좌우로 대립하는 근본적인 이유는 무엇인가? 좌는 좌대로 우는 우대로 서로의 주장이 옳다고 하기 때문이다. 말하자면 – 정도의 차이는 있겠지만 – 자신의 주장이 '진리'라고 믿거나 아니면 자신의 주장이 '정의'라고 믿기 때문이다. 그렇다면 자신과 다른 상대방의 주장은 '거짓'이거나 '불의'한 것이 된다. 이런 관점에서 보면 좌우의 이념 대립은 종교적 대립과 유사하다.

이러한 이분법적 사고가 얼마나 무서운 결과를 낳았는지 인류 역사는 대변해주고 있다. 진리의 이름으로 또는 정의의 이름

## 11. 통찰력 있는 리더십

으로 얼마나 많은 살상이 이루어졌던가? 특히 서구의 역사를 보면 기독교 이후의 전쟁사는 종교전쟁이라 해도 무방할 정도로 종교의 이름으로 많은 전쟁을 치러왔다. 진리를 추구하는 종교는 교리의 차원에서 보면 하나의 진리 체계라고 할 수 있다. 서로 자신의 교리, 즉 자신의 진리가 옳다며 다른 종교집단을 무력으로 제거하려고 한 것이다. 처음부터 진리 추구를 목적으로 하지 않는 하등종교 - 하등종교와 고등종교의 구분의 적실성 문제는 논외로 하자 - 에서는 서로의 진리 문제로 다툴 이유도 없는 것이다. 오히려 성인의 가르침을 실천한다고 하는 고등종교에서 진리의 이름으로 상대방을 살상해온 것이다.

국가의 목적도 종교의 목적과 크게 다르지 않다. 종교는 진리를 통해 개인의 평화를 추구하는 것이지만 국가는 법을 통해 공동체의 평화를 지키는 것이다. 그동안의 역사를 보면 진리와 정의를 위해 지키고자 했던 평화는 바로 그 진리와 정의로 인해 파괴되어왔다. 여기서도 주객전도가 일어난 것이다.

그래서 법의 기본 이념이라고 할 수 있는 정의와 법적 안정성 둘 중에 법적 안정성을 정의보다 상위개념으로 보는 것도 법적 안정성이 바로 평화를 의미하기 때문이다. 정의의 이름으로 발생하는 무질서가 얼마나 쉽게 정의를 파괴하며 평화를 파괴하는지 우리는 경험을 통해 잘 알고 있다. 불의를 피해야 하지만 평화를 파괴하는 무질서는 더욱 무서운 것이다. 질서 없이는 정의가 있을 수 없다.

진리와 정의가 그렇게 많은 전쟁의 원인이 된 것은 다름 아닌 진리와 정의의 상대성 때문이다. 진리를 규정하는 것도 사람이요 정의를 규정하는 것도 사람이다. 한때의 진리와 정의가 다음 시대에는 그렇지 않을 수 있음을 역사를 통해 배운다. 수많은 전쟁을 겪으며 많은 사람들이 희생된 결과 인류가 얻은 교훈은 진리와 정의의 세계에 필요한 것은 바로 '관용'이라는 것이다. 비록 자신과 같지 않아도 상대의 견해를 존중하고 인정하라는 것이다.

서구 기독교의 원천인 성경도 구약은 공의(公義), 즉 정의를 핵심으로 하나 예수의 가르침인 신약은 사랑을 핵심으로 하고 있다. 구약은 율법으로 공의를 실현하기 위해 심판하는 내용이 중심이지만 신약은 복음의 사랑으로 구약의 공의를 극복하는 것이다.

이와 같이 관용 없는 진리와 사랑 없는 정의는 분쟁을 의미하며, 진리에 대한 관용과 정의를 품는 사랑은 평화를 만드는 것이다. 관용과 사랑은 상대의 주장을 무조건 수용하는 것이 아니라 상대의 주장을 이해할 때 생기는 것이다. 상대방 주장의 원인과 이유에 대한 이해가 관용과 사랑을 만들어내는 것이다. 따라서 상대에 대한 진정한 이해가 무엇보다도 중요하다.

한국 사회의 좌파와 우파도 서로의 입장에 대한 이해가 필요하다. 일방적인 주장만 할 것이 아니라 상대 주장의 배경과 이유를 이데올로기가 아닌 객관적 사실관계에 근거해 상식과 양심을 바탕으로 이해할 수 있다면 서로에 대한 관용을 만들어내고 서로의 존재를 인정하기가 훨씬 쉬워질 것이다. 서로를 이해할 수 있을 때 공존하면서 평화를 이루어가고 나아가 새로운 역할을 위한 국민통합을 만들어갈 수 있을 것이다. 국민통합은 하나의 생각이나 이데올로기를 의미하는 것이 아니라 서로가 서로의 존재를 인정하며 공존하자는 것으로, 말하자면 상극에서 상생으로 국가적 에너지를 모으자는 것이다. 북한 문제 해법도 바로 북한에 대한 관용과 포용, 이해에서부터 시작될 것이다.

## '정치가'가 아니라 '정치지도자'가 필요하다

대북정책은 현실에 대한 냉정한 인식을 바탕으로 미래 한민족의 비전을 실천할 수 있는 방향으로 수립되어야 한다. 대북정책은 말 그대로 북한에 대한 정책이기 때문에 한국이 원하는 대로 일방적으로 이루어지는 것이 아니다. 상대의 입장을 이해하고 상대의 수용가능성을 감안해 진행하지 않으면 공염불이 되고 만다.

지금 필요한 것은 여론에 밀리고 세상사 흘러가는 대로 중심 없이 정치를 하는 '정치가'가 아니라 정확한 현실인식하에 민족의 미래에 대한 비전을 제시하며 정치를 리드해 나갈 수 있는 '지도자'다. 민주주의 사회에서 물론 여론은 중요하다. 그러나 여론은 시시때때로 바뀌는 변덕스런 존재다. 여론에 귀를 기울이되 여론을 넘어서는 정치를 해야 한다. 자신의 정치적 비전을 국민에게 설명하고 공감대를 확대해 시대가 요구하는 여론을 선도해가는 정치인이 진정 국민이 필요로 하는 정치가다.

남북문제는 국내적 요인뿐만 아니라 국제적인 요인의 영향도 많이 받기 때문에 가변적인 변수가 개입할 여지가 매우 높다. 다른 영역과 달리 전문성에 기반을 둔 예측이 극히 제한적일 수밖에 없는 불안정한 영역이다. 정책의 성과도 상당한 시간이 지나야 가시적으로 나타난다. 그렇기 때문에 그만큼 더 정치지도자의 통찰력과 비전이 중요한 결정적인 요인이 된다. 나아

## 11. 통찰력 있는 리더십

가 우리나라가 문명전환기에 새로운 대안적 사상의 출현과 새로운 삶의 양식을 만들어내겠다는 인류의 과제를 담당할 지도국이 되겠다면 천시·지리·인화를 통찰할 수 있는 통찰력 있는 지도자가 반드시 필요할 것이다.

**지은이 소개 | 윤대규(尹大奎)**

서울대학교 법과대학 법학과를 졸업하고 경남대학교 대학원(법학석사)을 거쳐 미국 워싱턴대학 로스쿨(법학석사, 법학박사)에서 공부했다. 경남대학교 법학과 교수로 헌법·법철학·법사회학 등을 강의하고 있으며 협력대학인 북한대학원대학교에서는 북한법을 강의하고 있다. 경남대학교 극동문제연구소 소장, 북한대학원 원장을 역임한 후 현재는 경남대학교 서울부총장 보직을 수행하고 있다.

한국 법과사회이론학회 회장을 역임했으며 미국 하버드대학 로스쿨과 워싱턴대학 로스쿨에서 초빙교수로 한국법을 강의하기도 했다. 주요 저서로는 『법사회학』(경남대출판부, 1997), 『북한경제개혁을 위한 새로운 패러다임』(공저, 한울, 2006), *Law and Political Authority in South Korea*(Westview & Kyungnam University Press, 1990), *Law and Democracy in South Korea: Democratic Development Since 1987*(Kyungnam University Press, 2010) 등이 있다.

한울아카데미 1549

## 북한에 대한 불편한 진실

ⓒ 윤대규, 2013

지은이 • 윤대규
펴낸이 • 김종수
펴낸곳 • 한울엠플러스(주)

초판 1쇄 발행 • 2013년 5월 10일
초판 3쇄 발행 • 2016년 1월 15일

주소 • 10881 경기도 파주시 광인사길 153 한울시소빌딩 3층
전화 • 031-955-0655
팩스 • 031-955-0656
홈페이지 • www.hanulmplus.kr
등록번호 • 제406-2015-000143호

Printed in Korea.
ISBN 978-89-460-4727-3 03340

* 책값은 겉표지에 표시되어 있습니다.